O MERCOSUL
NOS DISCURSOS DO GOVERNO BRASILEIRO
(1985-1994)

Maria Candida Galvão Flores

O MERCOSUL
NOS DISCURSOS DO GOVERNO BRASILEIRO

(1985-1994)

ISBN 85-225-0521-7

Copyright © Maria Candida Galvão Flores

Direitos desta edição reservados à
EDITORA FGV
Praia de Botafogo, 190 — 14º andar
22250-900 — Rio de Janeiro, RJ — Brasil
Tels.: 0800-21-7777 — 21-2559-5543
Fax: 21-2559-5532
e-mail: editora@fgv.br — pedidoseditora@fgv.br
web site: www.editora.fgv.br

Impresso no Brasil / Printed in Brazil

Todos os direitos reservados. A reprodução não autorizada desta publicação, no todo ou em parte, constitui violação do copyright (Lei nº 5.988).

Os conceitos emitidos neste livro são de inteira responsabilidade da autora.

1ª edição — 2005

Revisão de originais: Claudia Martinelli Gama

Revisão: Andréa Campos Bivar e Fatima Caroni

Capa: aspecto:design

Ficha catalográfica elaborada pela Biblioteca
Mario Henrique Simonsen/FGV

Flores, Maria Candida Galvão
    O Mercosul nos discursos do governo brasileiro (1985-94) / Maria Candida Galvão Flores — Rio de Janeiro : Editora FGV, 2005.
    128p.

    Inclui bibliografia.

    1. Brasil — Relações exteriores — Países do Cone Sul — Discursos parlamentares. 2. Países do Cone Sul — Relações exteriores — Brasil — Discursos parlamentares. 3. Mercosul. I. Fundação Getulio Vargas. II. Título.

CDD — 327.81

Sumário

Agradecimentos   7

Prefácio   9

Introdução   13

Capítulo 1 — A opção metodológica   17

    A análise do discurso político   17

    A regionalização   25

    Fontes de dados   31

Capítulo 2 — Os novos tempos da integração do Cone Sul nos discursos políticos do governo de José Sarney   35

    Democracia, desenvolvimento e cooperação regional   35

    A aproximação com os vizinhos   41

    Considerações finais   54

Capítulo 3 — A aceleração frustrada do projeto integracionista do Cone Sul nos discursos políticos do governo de Collor de Mello   57

    Modernização e abertura   57

    A urgência da integração   68

    Considerações finais   83

Capítulo 4 – Avanços e recuos da integração do Cone Sul nos discursos políticos do governo de Itamar Franco   87

    Os novos cenários nacional e internacional   87

    Mercosul *versus* Alcsa   89

    Considerações finais   106

Conclusão   109

Bibliografia   113

Apêndice   121

    Elementos discursivos do Mercosul   121

    Orientações realistas e idealistas do Mercosul nos governos de
José Sarney, Collor de Mello e Itamar Franco   122

    Configuração mitológica do Mercosul no imaginário político brasileiro   122

    Valores eufóricos e disfóricos do Mercosul   123

    Elementos eufóricos e disfóricos dos países-membros do Mercosul
ante a integração   124

    Indicadores macroeconômicos do Mercosul — ano 1991   124

Agradecimentos

Este livro tem origem na dissertação de mestrado defendida e aprovada, em 2002, no Programa de Pós-graduação em História da Universidade do Estado do Rio de Janeiro (Uerj), sob o incentivo constante dos professores e colegas. Entre este distinto grupo, gostaria de destacar Orlando de Barros, presidente da banca e meu orientador, a quem a dissertação, como agora o livro, é dedicada. Suas notáveis qualidades intelectuais e humanas beneficiaram-me ao longo de todo o processo da pós-graduação.

Para viabilizar a publicação, procedi a uma minuciosa verificação do texto original, seguindo as sugestões da equipe de pareceristas da Editora FGV, que me deixou profundamente gratificada e honrada com esta oportunidade.

Por fim, agradeço a meu irmão Renato e a minha irmã Maria Inês, que me ajudaram profissional e afetivamente na elaboração desta obra, com suas críticas e sugestões.

Prefácio

As circunstâncias em que o Mercosul se originou não foram propriamente "naturais", isto é, as que poderiam advir de uma saudável e histórica cooperação entre nações irmãs e vizinhas, com economias importantes, nos casos do Brasil e da Argentina, e muito a oferecer para proveito de suas populações. Em boa medida, a aliança meridional tornou-se imperiosa em virtude do surgimento de blocos regionais e de um sistema econômico potencialmente hostil, sujeito à imposição de barreiras e sobretaxas de toda ordem, em meio à pregação contraditória de um sistema internacional de mercado irrestritamente aberto. A emergência, a desorientação, a insegurança e o medo, mais que a esperança e a confiança na capacidade das economias do Cone Sul, parecem ter determinado com mais peso o surgimento do novo bloco regional. Pode-se dizer que a situação em causa era ambiente propício para ideações de toda a sorte, havendo motivo de sobra para uma profusa produção discursiva.

Tratando-se, porém, das relações entre o Brasil e a Argentina — e estas são as mais relevantes no Cone Sul —, há muito que dizer a respeito de um formidável acervo discursivo que se originou no passado remoto e que data ainda das formações nacionais. Parte considerável da massa de ideações nasceu de uma rivalidade, potencialmente perigosa, pela presença brasileira na região platina desde os tempos das intervenções armadas, dando vez a desconfianças e suspeitas quase permanentes. Outra parte veio da competição entre as duas nações pela disputa do emigrante europeu desde o século XIX. E como decorrência disso, em conformidade com as crenças evolutivas da época, Brasil e Argentina se diferenciavam e se opunham também quanto à origem de suas populações e de suas vinculações à civilização européia, consolidando preconceitos de parte a parte. Ao longo do tempo não faltaram, concomitantemente, esforços mútuos no sentido da distensão, da aproximação e da cooperação, em que desempenhou papel relevante a posição de muitos intelectuais, entre os quais Nabuco e Sarmiento.

Na primeira metade do século XX, muitos brasileiros ilustres, em visita a Buenos Aires, impressionaram-se com o estado do desenvolvimento material da Argentina, que reconheciam com admiração, quando não com despeito e mesmo sentimento de inferioridade, como ocorreu a João do Rio, em 1915, que julgou sinceramente que o grau de civilização e ilustração então obtido pelos argentinos bem poderia ser emulado e copiado no Brasil, sendo forçosa uma cooperação urgente e permanente. Na mesma época, Luiz de Souza Dantas, então embaixador em Buenos Aires, pelas mesmas razões, era da opinião de que os dois países perdiam tempo em não se aproveitarem de suas potencialidades relativas, para "fazer aqui, na América, a terra da promissão, a Canaã das velhas raças, de criar com alegria e harmonia, com o sangue das artérias, o suor da fronte, o labor e a fé, o maior bem, a maior ventura, a maior graça: o rejuvenescimento do mundo".

De certo modo, aquelas opiniões refletiam a tendência à distensão observada desde a visita presidencial de Roque Sáenz Peña ao Brasil, que não deixara de provocar, por sua vez, uma profusa criação discursiva, solidamente baseada no princípio de que "tudo nos une, nada nos separa", que, de tão circulante, três décadas passadas, foi ainda verso de marchinha carnavalesca em 1940. Todavia, os sucessos e insucessos de ambas as nações em suas inserções no sistema econômico mundial, não fossem também pesar as atribulações regionais, acabaram por separar, mais que unir, os interesses mútuos. E nessa trajetória, ao cabo do século, não faltaram momentos de aflorarem as desconfianças, como durante a II Guerra Mundial e, mais tarde, durante o regime militar, devido à construção de Itaipu. Devemos registrar o empenho espontâneo do presidente João Batista Figueiredo, admirador da Argentina, no sentido de privilegiar aquele país com os melhores esforços de bom relacionamento, mas, admiração à parte, também em resposta às dificuldades de financiamento internacional, estando ambos os países envolvidos no que então se chamava a "bomba do débito". Todavia, aquele aceno presidencial, feito no momento de crise e de decepção com a contenção do "milagre econômico", indicava que, se a cooperação estreita não se fizera em condições propícias, ela haveria de ser feita, de algum modo, no calor das dificuldades e do doloroso reordenamento mundial.

E assim foi, em meio também a enormes dificuldades políticas, estando os dois países em pleno processo de reinstitucionalização, passados os demorados anos de regime excepcional. Países inseguros quanto a seus destinos imediatos, acossados pela adversidade internacional, nada tinham a perder com uma aliança definitiva, pela qual muito haveriam de ceder de suas antigas posições e convicções nacionais, de resto condição essencial para a formação de blocos. A incorporação do Paraguai e do Uruguai bem serviu para ajudar a dissolver o ranço nacional, ampliando o leque cooperativo. Essa curta e acidentada história sugere que havia ali um excepcional caldo de cultura discursiva, não fosse também pela convergência de certos dispositivos culturais presentes tanto no Brasil quanto na Argentina, e nem menos nos dois outros países-membros, suscitados sobretudo pela dúvida de que as declarações de intenções, de boa vontade e de esperanças haveriam de se consubstanciar em ações práticas e objetivas, ultrapassando o mar de discursos que teve vez desde a criação do Mercosul. Por certo que se constitui numa hipótese de trabalho importante, à disposição de especialistas de diversas formações.

De José Sarney a Itamar Franco, a hipótese pôde ser testada. E constitui o principal deste livro que a Fundação Getulio Vargas em boa hora traz a lume. Ele põe em exame o percurso discursivo ocorrido em três modulações, ou "ondulações": a primeira, que toma a redemocratização como mote, predominando como deflagrador, ao tempo de Sarney; depois, com Collor de Mello, quando a motivação se desloca para a modernização e para a adaptação aos postulados neoliberais, alinhando-se com o Consenso de Washington; e adiante, com Itamar Franco, recuperando um tanto o velho ideal da integração regional, acena em direção a toda a América do Sul. Enquanto isso, houve proveito prático e não só caminhou o Mercosul em relação aos bons frutos econômicos que prometia, como progrediram muito a cooperação e a integração das empresas e das populações, não obstante a contracorrente de empecilhos de toda ordem. O livro, de qualquer modo, deixa patente haver certa dissintonia entre as palavras e os fatos, e as primeiras caminharam na direção de um Mercosul discursivo, um tanto mitológico, de certo modo inevitável, diante da urgência da liberação das energias necessárias à deflagração da ação.

A história das relações internacionais apresenta quase sempre uma enorme criação discursiva, um vasto painel representativo, produzida ora para exprimir projetos e intenções, ora para desviar, ocultar ou dissimular. Mas tal rico viés não se tem mostrado freqüente como objeto dos estudos de relações internacionais, a não ser de modo incidental, geralmente como elemento das concepções políticas. De resto, não é também muito assíduo na história em geral — embora esteja havendo progresso no campo do discursivo —, o que levou Lyotard certa vez a indicar que o historiador, que se baseia em documentos e falas, não ataca o âmago das fontes, porque raramente busca o sentido profundo das falas, deixando de utilizar metodologias há muito existentes. Na verdade, vemos muitas vezes os historiadores preocupados com a geração do sentido e com as complicações da gramática gerativa, pondo de lado justamente a porção discursiva, uma das partes do "texto", local importante porque é o lugar do ideológico, situado logo abaixo da camada temática. Enfrentar o discursivo em suas propriedades intrínsecas constitui-se em um desafio para o historiador.

O livro de Maria Candida Galvão Flores enfrenta galhardamente o desafio em seu estudo inovador e original, ingressando por um caminho que poderá ainda produzir outros bons frutos, em publicações que sigam a mesma via. Bem circunstanciado, preciso e bem documentado, vale-se de uma lista de textos preciosos e relevantes, capazes de revelar muito a respeito da difícil jornada da formação do Mercosul. Da análise bem-feita das falas de presidentes da República e chanceleres, a autora retira porções extremamente reveladoras das nossas dificuldades de sair do campo declaratório e ensejar operações práticas, mostrando o Mercosul como um ente mitológico, a despeito de haver ainda um outro, o Mercosul em desvelamento, sob a forma de produtos, bens e serviços, mas, de qualquer modo, planta em crescimento que faz vislumbrar o vigor que terá um dia. E, ainda mais, devemos dizer do livro que se trata de texto claro e conciso, de interesse não só para o especialista em relações internacionais, como para o público em geral, que nele verá uma autora ciosa da precisão, da seleção de fontes e criteriosa em todos os sentidos, e que, por isso, haverá de acolhê-lo como ótima fonte de informação e inspiração.

Orlando de Barros
Doutor em história pela USP e professor
de história do Brasil da Uerj

Introdução

A primeira reflexão que nos aflora à mente para apresentar o tema da nossa pesquisa é que, ao estudá-lo, estaremos certamente abordando não só a integração regional do Cone Sul em si, mas também a contaminação do sistema recém-instituído por uma crise implicitamente instalada no próprio processo que lhe deu existência. Entretanto, tal processo em curso no Cone Sul apresentou-se como o melhor caminho para enfrentar uma ordem internacional adversa, que deixava cada vez menos oportunidades para os países mais fracos.

Os processos de integração regional ocupavam lugar crescente no debate acadêmico nacional e internacional, e a idéia de integração latino-americana constituía-se em motivo de preocupações e indagações. Com o fim da Guerra Fria, no contexto internacional dos anos 1990 marcado por tendências em direção à globalização, transnacionalização e formação de blocos, retornou firmemente à arena nacional e internacional a integração do Cone Sul.

Nesse quadro de tensões e desafios é que se inscreve a escolha do tema, no sentido de investigar, a partir de uma análise dos discursos políticos, as contradições do novo posicionamento na política externa brasileira, no que se referiu à estratégia do governo brasileiro ao se engajar na construção do projeto de integração dos países do Cone Sul. Um marco nessa mudança na atitude brasileira, quanto ao relacionamento com os vizinhos imediatos, foi a passagem de uma postura de independência para outra de aceitação de uma relativa interdependência regional, iniciada com o processo de integração entre Brasil e Argentina.

Essa nova orientação — manifestada de forma recorrente nos discursos políticos dos governos de José Sarney, Collor de Mello e Itamar Franco, no sentido de priorizar as relações com a América Latina, incentivando o processo de integração do Cone Sul — prendeu-se a uma discussão essencial, ainda não suficientemente esclarecida pelos analistas, qual seja, o direcionamento do projeto de integração do Cone Sul se deu tal como um *objeto de política externa* ou como um *sistema de otimização de trocas*.

Essa cooperação inicial aprofundou-se, alargou-se e, após diversas etapas de intensas negociações entre Brasil e Argentina, em que divergências essenciais não deixaram de vir à tona, foi assinado, em 26 de março de 1991, o Tratado de Assunção, objetivando a constituição do Mercado Comum do Sul (Mercosul) pelo Brasil, Argentina, Paraguai e Uruguai. Este tratado, que define as bases para a criação do mercado comum, foi aditado por protocolos adicionais, entre os quais se destaca o Protocolo de Ouro Preto sobre Aspectos Institucionais, estabelecendo a nova estrutura institucional do Mercosul, destinada a vigorar durante o período de consolidação da união aduaneira.

A construção desse bloco regional periférico, plena de simbolismos e representando uma visão de regionalismo aberto, foi um marco de referência democrática dos países que o integram, e buscou trabalhar a compatibilidade da agenda interna e externa da modernização, em virtude do esgotamento do modelo do Estado até então vigente, gestor de uma economia baseada na substituição de importações, praticada até a década de 1990. A profusão simbólica aludida, em larga medida, assinala uma produção discursiva que nos pareceu importante elucidar.

Uma das orientações desse projeto de integração, desenvolvida com mais profundidade na pesquisa, indica que um processo dessa envergadura não se pode dar de forma harmoniosa, sem rupturas e sem problemas. Além disso, como toda experiência nova, o processo de implantação do mercado comum no Cone Sul começou, na nossa percepção, sem uma visão muito clara dos problemas envolvidos, nem plena consciência dos desafios e dilemas que se apresentariam. Deve-se assinalar que tensões, rupturas e incoerências são índices seguros que se podem identificar na produção discursiva, como sublimações relativamente fáceis de serem reconhecidas.

Num primeiro momento, a retórica discursiva sobre a integração do Cone Sul gerou uma expectativa muito otimista de que esta ocorreria num prazo bastante curto, quando, então, os quatro países seriam uma região sem fronteiras, constituindo-se num espaço integrado, associado à imagem de uma comunidade. Como não se cumpriram os prazos para essa integração, ficou acertado, a partir da reunião de Ouro Preto, que as ações relacionadas com a criação do mercado comum seriam postergadas.

Na seqüência do debate, apresentou-se o problema, levantado anteriormente, sobre o real direcionamento desse processo de integração que se encontra ainda pendente de uma análise mais acurada. Afinal, entre avanços e recuos, o Mercado Comum do Sul é mais uma tentativa integracionista que se faz na América Latina, envolvendo além do Brasil, a Argentina, o Paraguai e o Uruguai, e englobando simultaneamente motivações econômicas e políticas.

Os discursos políticos indicam que, com a criação do Mercosul, haveria um aumento do mercado consumidor e maiores chances de participação no cenário internacional, perspectiva essa que o apresenta como uma ferramenta para os países-membros poderem, progressivamente, diminuir os desequilíbrios provocados pela globalização. Assim, declarações e mensagens presentes na criação discursiva se tornam relevantes como elementos de análise e compreensão geral do processo histórico do Mercosul.

Os desafios e dilemas da implementação do processo integracionista vinculavam-se a essas motivações econômicas e políticas. Os problemas que emergiam não se prendiam apenas ao alargamento do diálogo entre os países-membros, ampliados de dois para quatro, mas também às flagrantes diferenças entre as características econômicas dos maiores parceiros — Brasil e Argentina — em relação a Paraguai e Uruguai.

Para o Brasil, o projeto integracionista do Cone Sul apresentou-se, no debate discursivo, como dilema na contradição existente entre a formulação de um ambicioso e inédito projeto de sua história político-econômica — a criação de um mercado comum — e o prazo exíguo para implementá-lo. Dessa retórica discursiva, emergiu o questionamento quanto ao real interesse do Brasil e dos demais países-membros em aprofundar esse processo de integração até a concretização do mercado comum.

O livro compõe-se de quatro capítulos, além da introdução e da conclusão. Na introdução, encontra-se a apresentação do tema e, no primeiro capítulo, o quadro teórico-metodológico, as fontes e as hipóteses que nortearam a pesquisa.

No segundo capítulo, estuda-se o governo de José Sarney, quando se concretizaram os esforços de cooperação bilateral entre Brasil e Argentina na Declaração de Iguaçu, marco inicial da pesquisa. Os discursos deste governo enfatizam a prioridade latino-americana, mediante a integração do Cone Sul, e destacam, como estímulos à cooperação regional, a restauração da democracia e a busca de uma solução conjunta para a crise em que se encontrava mergulhada a América Latina, em especial a crise da dívida externa. A visão estratégica da integração naquele momento, a despeito da carga retórica, aparece na importância conferida a questões políticas e a temas de incidência econômica mais imediata, como a cooperação científico-tecnológica.

No terceiro capítulo, de análise do governo de Collor de Mello, a ênfase dos discursos concentra-se no esgotamento da estratégia externa do país, que se encontrava constrangido por pressões financeiras e comerciais. Ao assumir a presidência, Collor de Mello promoveu uma acelerada abertura da economia brasileira aos padrões neoliberais. Com a mesma impulsividade, deu continuidade ao projeto integracionista do Cone Sul, ao assinar, em 1991, o Tratado de Assunção, que definiu as bases para a criação do mercado comum.

No quarto capítulo, destaca-se que, com o governo de Itamar Franco, desaceleraram-se as mudanças, porém a análise dos discursos mostra que a ênfase no processo integracionista persistiu e foi assinado o Protocolo de Ouro Preto. Nessa época, discursivamente, buscando potencializar as relações do Mercosul com o restante da América do Sul, o governo de Itamar Franco lançou, em 1993, a proposta de uma área de livre-comércio sul-americana.

Capítulo 1
A opção metodológica

A análise do discurso político

Buscando uma nova abordagem para este tema da história político-econômica do Brasil que desperta o interesse de diversos pesquisadores, direcionamos o foco para o significado do processo de integração do Cone Sul no contexto da política externa brasileira e de acordo com uma perspectiva histórica. A sua construção englobou diferentes orientações, que se manifestam nos discursos políticos dos governos de José Sarney, Collor de Mello e Itamar Franco, ao sabor dos eventos dos períodos subseqüentes. Esses discursos apresentam diferenças em muitos aspectos no que tange à *eleição temática*, à *estratégia retórica* e à distribuição de *atuantes* e de *afetos*, mas também se destacam por certa convergência de *efeito de sentido*.[1]

Assim, a prioridade é tratar da situação-problema colocando a perspectiva brasileira em primeiro plano, sem descurar das demais, tendo em mente as aspirações, as esperanças, os projetos. Estes se colocam, essencialmente, nas declarações e nas falas, e são *campos discursivos* por excelência. Visto que os discursos se aclaram mais eficientemente como *percurso enunciativo*, conforme a visão do historiador, consideramos pertinente, e mesmo indispensável, estudar a *diacronia* que se constrói em três mandatos presidenciais sucessivos, daí os balizarmos em recortes bem definidos por eventos-chave, o que nos parece mais adequado ao entendimento de um *enunciado geral*.[2]

Para a contextualização do tema, decidimos cobrir o período compreendido entre a Declaração de Iguaçu,[3] quando os presidentes Raúl Alfonsín, da Argentina, e José Sarney, do Brasil, expressaram sua vontade de acelerar o processo de integração bilateral, até a entrada em vigor do Protocolo de Ouro Preto,[4] ratificado por Argentina, Brasil, Paraguai e Uruguai.

---

[1] "Eleição temática", "retórica" e "atuantes" são conceitos clássicos da semiologia e referem-se, respectivamente, aos temas, à estratégia de convencimento e aos sujeitos mencionados no texto. Os "afetos" referem-se aos valores positivos ou negativos atribuídos nos discursos e são especialmente desenvolvidos por Lyotard (1973). Quanto aos conceitos gerais, ver Eco (1974).
[2] "Percurso enunciativo" refere-se à série temporal indicada nos discursos; a "diacronia" refere-se à interação temporal com os eventos históricos paralelos aos discursos; o "enunciado geral" trata de uma súmula proposta no conjunto de enunciados de um discurso. A propósito, ver Barros (1988) e Barthes (1996).
[3] Assinada em 30-11-1985.
[4] Em 15-12-1994. A seguir, em 18-12-1994, é publicado no *Diário Oficial* o Decreto Legislativo nº 188, do Congresso brasileiro, datado de 17-12-1994, aprovando o texto do Protocolo de Ouro Preto.

Escolhemos concentrar a análise nesse período específico porque a integração do Cone Sul, durante tal lapso de tempo, tornou-se um tema prioritário da política externa brasileira, para o qual convergiu grande parte das aspirações e dos interesses nacionais, buscando um novo perfil internacional para o país. Os desafios e os dilemas do processo de integração, nesse período, reportaram-se às flutuações típicas de uma época de crises externas e internas, e a atuação do governo foi problemática porque tentou extrair, de uma conjuntura internacional em mudança, maiores possibilidades de inserção para o país.

Observou-se, nesse intervalo, uma sucessão de etapas e de orientações que parecia atender a uma alternância, no processo integrador, de períodos de *predominância política* e períodos de *predominância técnica*. Nos períodos de predominância política, eram traçadas as diretrizes para os próximos avanços e, nos períodos de predominância técnica, essas diretrizes eram implementadas.

O aprofundamento do diálogo entre Brasil e Argentina permitiu que, na década de 1980, tivesse início um processo real de integração econômica, impulsionado pela vontade política de ambos em fazer avançar, no terreno prático, a relativa complementaridade já existente entre as duas economias. No marco dessa inflexão na política exterior brasileira que privilegiava a cooperação no Cone Sul, os presidentes José Sarney e Raúl Alfonsín firmaram a Ata de Iguaçu,[5] criando uma Comissão Mista de Alto Nível para Cooperação e Integração Econômica Bilateral. Posteriormente, foi assinado o Tratado de Integração, Cooperação e Desenvolvimento,[6] que previa a conformação de um espaço econômico comum em 10 anos, a crescente eliminação dos obstáculos alfandegários e não-alfandegários, e a gradual liberalização do comércio bilateral.

Esse tratado foi um marco no novo patamar de entendimento entre Brasil e Argentina por apresentar uma moldura mais abrangente de natureza política, que compreendia a consolidação dos valores democráticos e o respeito aos direitos humanos, além de medidas destinadas a reduzir tensões na área estratégico-militar, especialmente no campo nuclear.

Os êxitos iniciais criaram as bases para ações mais ambiciosas. Na década de 1990, os presidentes Collor de Mello e Carlos Menem, no irrompimento de um cenário internacional de neoliberalismo e sem uma fundamentação consistente para a sua atitude, decidiram acelerar o processo integracionista, antecipando o estabelecimento do mercado comum bilateral, com a livre circulação de bens, serviços e fatores de produção.[7] O tratado que deu forma jurídica ao Mercado Comum do Sul (Mercosul) foi assinado em Assunção, na presença dos quatro presidentes e dos chanceleres do Brasil, Uruguai, Paraguai e Argentina.

Durante o período de transição para a zona de livre-comércio,[8] a grande preocupação foi remover obstáculos tarifários e não-tarifários à livre circulação de bens, assim como os elementos incompatíveis com o processo de integração. Foi um período ri-

---

[5] Em 30-11-1985.
[6] Em novembro de 1988. O tratado prevê, entre outras medidas, a eliminação de todos os obstáculos tarifários e não-tarifários ao comércio de bens e serviços, assim como a harmonização de políticas macroeconômicas. Foi sancionado pelo congressos brasileiro e argentino em agosto de 1989.
[7] Antecipado para 31-12-1994.
[8] Esse período de transição estendeu-se até 31-12-1994.

co em tensões, não só em relação à implementação do Mercosul como também na política interna brasileira, culminando com o afastamento de Collor de Mello antes do término do mandato presidencial, que foi concluído por Itamar Franco.

Os esforços empreendidos nas negociações institucionais do Mercosul durante o período de transição estão consubstanciados no instrumento jurídico denominado Protocolo de Ouro Preto,[9] assinado pelo presidente Itamar Franco e pelos presidentes da Argentina, do Paraguai e do Uruguai.[10] Por esse instrumento, o Mercosul ganhou nova estrutura institucional, que lhe abriu caminho para negociações futuras com outros blocos, mudando dessa forma o perfil internacional do Brasil.

Essa mudança provocou a curiosidade intelectual, sobrevindo daí um bom número de publicações. A nossa pesquisa é uma contribuição nesse sentido, visando a direcionar um olhar diferente para a integração do Cone Sul, a partir de uma abordagem que privilegia a sua construção mediante o exame dos discursos políticos que se produziram a propósito, no lapso de tempo que elegemos. O motivo dessa opção é que a análise discursiva possibilita fazer o confronto entre intenções e atitudes práticas, entre desejo e objetivação, entre capacidade de autêntica ação operativa e ideação.

Analisando as diferentes orientações desse trajeto, cabe, então, colocar a questão da representação do processo de integração do Cone Sul, a partir da identificação do conteúdo temático e da retórica discursiva, dos seus direcionamentos nos governos de José Sarney, Collor de Mello e Itamar Franco — pois os do primeiro não foram os mesmos do segundo, que, por sua vez, foram diferentes dos do terceiro —, quanto às falas e à implementação desse processo, no contexto da política externa. A nossa proposta será realizada a partir da análise dos discursos dos três governos, vendo, de maneira *transformacional*, como isso se realiza.

A importância do tema está no aumento das trocas e no fortalecimento internacional (poder de barganha presumido) dos participantes do Mercosul. O objeto da pesquisa encontra-se inserido nessa ordem internacional que emergiu com o fim da Guerra Fria, num cenário de economia globalizada, onde os Estados buscaram os caminhos da integração.

Observa-se, na década de 1990, uma clara tendência para a segmentação da economia mundial em blocos regionais, substituindo as tradicionais negociações multilaterais entre os países. Acompanhando essa tendência, Brasil e Argentina, e, posteriormente, Uruguai e Paraguai, formaram um bloco sub-regional no Cone Sul.

Estudando a integração do Cone Sul, Camargo ressalta:

> Mas a mudança mais importante e que talvez represente o cerne dos novos processos latino-americanos de integração se refere à sua lógica interna, lógica que reproduz uma visão de alcance mais geral em que o mercado mundial é colocado como centro de gravidade da política de desenvolvimento.[11]

---

[9] Denominação simplificada do Protocolo Adicional ao Tratado de Assunção sobre a Estrutura Institucional do Mercosul, que foi concluído durante a conferência diplomática realizada em Brasília, no período de 5 a 7-12-1994.
[10] Assinado em Ouro Preto, no dia 17-12-1994, por ocasião da VII Reunião do Conselho do Mercado Comum, pelo presidente Itamar Franco e pelos presidentes Menem, da Argentina, Wasmosy, do Paraguai, e Lacalle, do Uruguai.
[11] Camargo, 1993:57.

Na retórica discursiva do período selecionado para análise, encontram-se presentes referências a essa lógica no processo de integração do Cone Sul. Ela prende-se ao fato de que os países latino-americanos, considerados países periféricos, com interesses divergentes das nações mais ricas, caracterizam-se por ser, preponderantemente, fornecedores de matérias-primas. Nesse momento histórico, sob a ameaça de uma crescente marginalização da América Latina das correntes de comércio e dos fluxos financeiros e de investimentos em escala mundial, no cenário de globalização dos mercados e de crescente internacionalização dos sistemas produtivos, foi implementado o processo de integração do Cone Sul para tentar superar a crise econômica latino-americana, buscando o desenvolvimento dos países da área, pelo incremento do comércio regional e de maior inserção internacional como bloco.

Da mesma forma, esperando que os custos internacionais das trocas de bens e serviços viessem a diminuir custos e evitar a sangria de divisas importantes para investimentos internos, os países do Mercosul aspiraram a uma estimulação geral de suas economias, no sentido de verem surgir não só a satisfação do mercado de bens como a do mercado de serviços, com aceleração tecnológica, que se importa de outras áreas do mundo, gravadas por maiores custos de frete, seguro e serviço financeiro.

O questionamento que emerge é se as diferentes orientações desse processo de integração foram resultado de visões que tentam organizar e coordenar a inserção do país no mundo, ou de interesses estratégicos, políticos e econômicos, e se essas visões são essencialmente discursivas e estão firmadas nas declarações, nos temas, nos conceitos, nas ideações e na retórica dos discursos selecionados.

Encontra-se nesse marco a relevância do nosso objeto, o Mercosul, *no contexto da política externa brasileira* porque ele representou, discursivamente, no elenco das ações externas, uma opção estratégica para o Brasil com o objetivo de contribuir para o seu desenvolvimento e sua inserção, de forma acentuada, no cenário internacional. De acordo com a retórica discursiva, quando um país se engaja num processo de integração, os conflitos, preconceitos e desconfianças entre os países-membros tendem a diminuir, ante a maior ênfase dada aos interesses comuns. Além disso, os discursos políticos salientavam que, ao integrar um bloco, o país se tornava mais apto a participar do processo de globalização, ganhava experiência no trato político e econômico internacional, tinha maior representatividade nos fóruns internacionais, recebia estímulos para buscar maior competitividade e ampliava o leque de mercados consumidores e fornecedores.

Nesse contexto, considerando-se que o Brasil, com o seu comércio exterior multilateralizado, continuava sendo objeto de interesse imediato, dado o caráter promissor do seu mercado suficientemente real e alentador para atrair fluxos de investimentos externos diretos, o projeto de integração do Cone Sul se apresentou como um facilitador para o seu desempenho em relação a parceiros externos, ampliando a capacidade do Estado em gerenciar suas relações com o exterior, o que lhe conferia lugar de destaque na agenda de política externa do país.

Essas indagações apontavam para interpretações diversas sobre o significado do Mercosul e eram fruto das diferentes orientações, reais ou ideais, desse processo de integração nos governos de José Sarney, Collor de Mello e Itamar Franco.

A historiografia do tema vem privilegiando estudos que, na sua maioria, abordam os aspectos econômicos. Na nossa percepção, a produção intelectual sobre a integração do Cone Sul a partir da análise dos discursos políticos, no lapso de tempo considerado, ainda é escassa. Observa-se, na produção historiográfica desse período, uma tendência a associar o processo de transição democrática do país com o realinhamento da política externa brasileira. Mas pode-se destacar que uma análise mais profunda das ações de política externa brasileira desse período revela que, apesar de se apresentarem relacionadas com o processo de abertura política e econômica em curso, elas não representavam apenas uma resposta passiva aos acontecimentos da política internacional.[12]

Somente em 1990, com as mudanças ocorridas no cenário econômico internacional, renascem as iniciativas de integração econômica, resultantes da interação entre tendências globais e internas. Nesse contexto, as novas relações estabelecidas no sistema internacional de comércio também têm reforçado a perspectiva de integração econômica sub-regional. Para a América do Sul, essa relação deveria, através da ampliação do mercado e do aproveitamento das economias de escala, compensar as ineficiências derivadas das dificuldades do mercado e do alto nível de protecionismo. Então, nessa época, emergiram no Brasil estudos que contemplavam as recentes transformações no cenário mundial (neoliberalismo, globalização) e que vieram a substituir a decadente teoria da dependência latino-americana.[13] O contexto em que se deu essa produção intelectual foi marcado pela entrada abrupta do país no modelo neoliberal no governo Collor de Mello.

Na órbita das relações entre Brasil e Argentina é que gravita o Mercosul. Ambos são os países mais expressivos da América Latina, do Cone Sul, cada um de per si já buscou o poder hegemônico na região e, de uma relação muitas vezes conflituosa, passaram a uma relação de estreita cooperação com o Mercosul. Esse relacionamento tem sido objeto de estudo de diversos pesquisadores de ambos os países, que se propuseram a analisar os fatores causais dessa mudança.

Destacamos que os estudos sobre o tema vêm sendo desenvolvidos a partir de duas vertentes principais: sob o impulso do Ministério das Relações Exteriores e no âmbito das universidades. O debate entre a visão da diplomacia e a visão acadêmica enriquece as pesquisas sobre a integração do Cone Sul, a partir de um olhar sul-americano.

O nosso objetivo principal foi buscar identificar as imagens, os símbolos e as idéias que estavam vinculados à construção do processo de integração do Cone Sul. Para enfrentarmos essa tarefa, decidimos concentrar a análise no percurso compreendido entre a Declaração de Iguaçu e o Protocolo de Ouro Preto, trabalhando os discursos políticos e demarcando três momentos específicos: os governos de José Sarney (Declaração de Iguaçu), Collor de Mello (Tratado de Assunção) e Itamar Franco (Protocolo de Ouro Preto), *no contexto da política externa brasileira* e numa perspectiva histórica. Vamos, também, resgatar olhares de setores sociais específicos, como empresários, políticos governistas e da oposição, diplomatas e intelectuais, que foram divulgados em jornais, revistas e publicações específicas.

Foi nossa preocupação investigar por que o Brasil se lançou, discursivamente, no projeto de construção de um mercado comum no Cone Sul, visando torná-lo a obra-prima de sua política externa, investindo ali esperanças e aspirações, talvez mal objetivadas na realidade. Foi um projeto estratégico nacional, ou o resultado de um momento his-

---

[12] Ver Pereira (2001).
[13] Essa perspectiva refletiu-se nos trabalhos de José Guilhon de Albuquerque, Muniz Bandeira, Paulo Roberto de Almeida, Clodoaldo Bueno, José Flavio Sombra Saraiva, Amado Luiz Cervo e Paulo G. F. Vizentini, entre outros.

tórico específico, quando houve uma visível conexão entre liberdade econômica e democracia política, refletindo um quadro de mudanças que, simultaneamente, ocorria de modo assemelhado nos países signatários?

O nosso objetivo específico concentrou-se em identificar o significado das diferentes orientações do processo de integração do Cone Sul, avaliando o sentido dos enunciados quanto ao peso das ideações e dos objetivos concretos, distinguindo e correlacionando os aspectos declaratórios típicos da política externa de Estado e das operações objetivas de trocas, a partir de uma análise crítica dos discursos políticos nos governos de José Sarney, Collor de Mello e Itamar Franco, enfim, procurando estabelecer o conteúdo das falas no contexto da política externa brasileira, e buscando identificar o quanto de realismo e idealismo elas contêm, e o que elas representaram no significado do Mercosul.

A abordagem orientadora da pesquisa fundamentou-se no quadro teórico-metodológico que privilegiou elementos da teoria do discurso, para a análise dos enunciados políticos, e elementos das teorias de relações internacionais, para a contextualização do processo de integração do Cone Sul na política externa brasileira. Para a nossa análise, a política externa compreende, antes de tudo, política, ideologia, ideações, valores, aspirações, projetos e se conecta profundamente com as vertentes teóricas a seguir relacionadas.

A primeira preocupação foi entender o discurso, suas propriedades e as possibilidades como resultado de análise e síntese. Diana Barros[14] sugere que se comece por identificar o elemento comum nas diversas definições do termo discurso, que, segundo ela, é representado pela enunciação e condições de produção do discurso.

Estudando a enunciação no discurso da imprensa escrita, Eliseo Veron[15] destaca que o discurso não produz apenas um efeito, e sim um "campo de efeitos de sentido". Na sua perspectiva, o dispositivo de enunciação comporta: o enunciador, que é a imagem do que fala; o destinatário, que é a imagem daquele a quem o discurso é endereçado; e a relação entre o enunciador e o destinatário, que é proposta pelo discurso.

Na sua abordagem, Veron distingue o emissor "real" do enunciador, e o receptor "real" do destinatário, destacando também que enunciador e destinatário são duas entidades discursivas. Para ele, essa dupla distinção é fundamental porque o mesmo emissor poderá, em discursos diferentes, construir enunciados diferentes; ao mesmo tempo ele construirá a cada vez, diferentemente, seu destinatário. Outro aspecto importante para Veron é a distinção entre enunciação e enunciado, porque um mesmo conteúdo pode ser enquadrado por modalidades de enunciação bastante diferentes.

Para a análise dos discursos políticos, considerando a importância de sua dimensão histórica, e incorporando os elementos da enunciação e as condições de produção, utilizamos o quadro teórico-metodológico de Orlando de Barros, que incorpora elementos de diversas teorias de análise do discurso, procurando tornar operacional o arsenal teórico disponível para os enfrentamentos usuais das tarefas do historiador.

Na sua perspectiva, o primeiro momento é dedicado a uma análise preliminar que identificará:

---

[14] Barros, 1988, passim.
[15] Veron, 1983, passim.

1) o nosso local que é o patamar da fala e do discurso; 2) a nossa qualidade que é a da ideologia que contém três versões básicas: a) como falsa consciência (na tradição marxista); b) como visão do mundo; c) como consciência crítica e libertária (da classe operária); 3) reparar a máxima peirceana: "dizer é fazer", bem como sua continuidade barthesiana-veroniana: "ler-e-escrever é fazer", isto é, o texto expressa vontades, pensamentos e ações sociais; 4) proposta decorrente do item anterior: conjunção de fala/ discurso em político-ideológico, conforme o esquema clássico: poder, fazer, saber; 5) por fim o documento encerra representação, teatralização, performance.[16]

Após essa identificação preliminar do documento, Barros sugere um percurso para a análise do discurso, considerando as seguintes colocações:

1) O texto é uma construção; a extração do sentido impõe uma *desconstrução*, isto é, a decomposição de temas, argumentos, manipulações, objetivando a avaliação do poder e dos interesses correlatos. A desconstrução é, rigorosamente, uma posição crítica, é uma posição de denúncia (Derrida).

2) O texto possui uma *teoria econômica* equivalente à visão clássica da economia: a produção, a circulação, a distribuição e o consumo, em todas as suas implicações (Barthes, Veron).

3) O texto é um *espetáculo*, reivindica um *território* que lhe é próprio, no qual exerce suas propriedades (Deleuze).

4) O *produtor* do discurso produz o *referente* do discurso (Lyotard).

5) O texto é território dos *jogos da libido*, com sua *distribuição de afeições*, com seu *eixo de valores* eufóricos e disfóricos, que remetem a conotações profundas relativas à vida e à existência (Lyotard).

6) Um aspecto importante do texto é sua *teatralização*, sua *performance* (Mc Lean), ele contém invariavelmente uma *mise-en-scène* retórica e metafórica que deforma o sentido em proveito ideológico (Lyotard, Mc Lean).

7) O texto é um *manipulador de objeto*, quando o sistema dos objetos não constitui um texto em si mesmo (Baudrillard).

8) O aspecto desviante e deformador do sentido em um texto não raro tem função produtora de *simulacros*, propondo simulações para livrar responsabilidades sociais ou gerar "cortinas" à revelação crítica (Baudrillard).

9) O ser humano é um *signo* porque é a sua *fala* (Lacan).

10) O *efeito especular*: toda comunicação envolve *modulação*, porque os atuantes procuram imprimir no outro a visão que eles querem que os outros tenham dele (assertiva clássica, a partir de Hjelmslev).[17]

---

[16] Barros, 1998.
[17] Ibid.

Com esta metodologia aplicada ao nosso objeto, estabelecemos, através da análise dos discursos políticos, atas, acordos, convênios, protocolos e editoriais de imprensa: a) o quanto de ideação eles contêm; b) se faltou sentido prático, nesses discursos, e se eles revelam isso; c) se os discursos foram ingênuos ou pouco focados na realidade internacional, não considerando as dificuldades acumuladas ao longo do tempo (rivalidades históricas, litígios do passado, perfeita avaliação dos perfis econômicos das nações, perfeita avaliação dos sistemas tributários, legislativos e contábeis nacionais, o perfil dos interesses dos empresários, o sistema social e os aspectos culturais); d) os recursos necessários despendidos na organização do sistema; e) os pesos relativos de cada nação associada; f) o interesse dos segmentos nacionais (políticos, empresários, militares) na associação; g) o estudo aprofundado das associações regionais pelo mundo afora, com sua aplicação no Mercosul; h) se, por fim, o Mercosul não é mesmo uma união de países periféricos, tão-somente discursiva, sem energia e vontade política para enfrentar as dificuldades de frente.

No aspecto das "soluções discursivas", em vez da iniciativa pragmática, não é raro que na bibliografia histórica dos autores norte-americanos especializados em América Latina, na qual aflora inegável preconceito, apareça a idéia de que os líderes latino-americanos, quase sempre originados de uma cultura jurídica predominante, tendem a fazer o discurso prevalecer sobre a capacidade de operar medidas práticas, isto é, "falar em vez de fazer". Pode-se observar esse tipo de julgamento em obras de historiadores como John E. Fagg ou Hubert C. Herring.[18] Se tal apreciação não é de todo justa, nada impede que se tome, como hipótese de trabalho, tal assertiva como elemento de prova para a verificação da acuidade discursiva produzida no âmbito da instauração do Mercosul, com o fito de verificar se ela não se perde nas falas e ideações, e tal idéia nos pode servir mesmo de estratégia metodológica preliminar, tão bem adaptada que é à abordagem que elegemos.

Para a nossa pesquisa, as palavras realismo e idealismo foram consideradas não só no seu significado etimológico, mas também tal qual aparecem como entidades conceituais nos estudos das relações internacionais.

Os escritos teóricos sobre as relações internacionais nasceram sob a orientação do idealismo, mas, após a II Guerra Mundial, surgiram nos Estados Unidos críticas ao idealismo, expressas por Niebuhr, com a argumentação de que toda nação quer aumentar o seu poder, sendo, portanto, legítimo definir os interesses nacionais e lutar por eles. E, mais tarde, com base nos estudos de Niebuhr,[19] Morgenthau[20] desenvolveu sua argumentação sobre política internacional como uma luta pelo poder, afirmando que, na busca do interesse nacional, o Estado age como um ator racional e unitário, capaz de definir com clareza seus objetivos, em qualquer situação que se apresente, e de escolher os meios mais adequados para alcançá-los.

Tratando-se de obras posteriores ao grande conflito mundial, os trabalhos de Niebuhr e Morgenthau bem podem inserir-se no quadro ideológico da Guerra Fria e da busca de consolidação norte-americana como grande potência. Mas, nas últimas décadas, ao emergir o esforço de integração regional, mormente o europeu, tornou-se im-

---

[18] Fagg, 1970; Herring, 1972.
[19] Niebuhr, s.d.
[20] Morgenthau, 1990.

perioso questionar o "realismo" daqueles autores, diante de um aparente idealismo integracionista (porém tão "objetivista" em tantos aspectos práticos) que, acompanhando o movimento europeu ocidental, ganhou o mundo.

A regionalização

O conceito de integração é, de certa maneira, um conceito vago, mas pode enquadrar-se numa visão idealizada de uma situação positiva e desejável que se poderá concretizar numa ação de política externa, como a construção de um bloco regional. Estudando o Mercosul como uma experiência de integração regional, Beçak observa:

> A terminologia integração traz em sua essência a idéia de unidade, surgindo da necessidade de união de forças no combate a ameaças externas e no revivescimento do Estado, da economia e da sociedade, nos momentos em que demonstram sinais de enfraquecimento.[21]

O processo de integração do Cone Sul enquadra-se nesta definição porque se trata de um bloco de países periféricos do Terceiro Mundo, que buscaram a integração, principalmente, para fazer frente a uma conjuntura internacional adversa. O Mercosul é uma experiência de integração regional conduzida por interesses econômicos e políticos, seguindo as diretrizes da globalização transnacional e calcada na redemocratização dos países latino-americanos. Este último aspecto é particularmente um fenômeno discursivo, lugar das falas ideológicas e fator de emulações e estímulos integradores, além de passar por ser uma aspiração coletiva das populações dos países do Mercosul, recém-saídos de regimes autoritários.

Balassa[22] estudou a integração como um processo e como um estado de coisas, achando-se essencialmente vinculada à ampliação do comércio. A sua classificação das formas de integração servirá como modelo para a definição dos modos de integração do Mercosul quando trabalharmos discursivamente as implicações das diferentes orientações nesses estados de ser do Mercosul. De um ponto de vista discursivo, a integração é um conceito que tanto está presente na tematização, quanto na porção argumentativa das falas, pois é elemento desejável (e, portanto, valor eufórico)[23] num quadro de relações internacionais cujos discursos gerais apontam favoravelmente para um mercado sem fronteiras nem barreiras, e que não apresenta alternativa para as nações que insistem em se manter fora de uma propalada tendência geral.

O processo de integração econômica pode ocorrer num nível mais superficial, denominado *integração rasa* (preferências tarifárias, zonas de livre-comércio e uniões aduaneiras), com alterações apenas nas questões comerciais, ou em níveis mais complexos,

---

[21] Beçak, 2000:15.
[22] Balassa, 1965, passim.
[23] Os elementos eufóricos do discurso se referem aos valores positivos e desejáveis (em oposição aos disfóricos), remetendo à conservação e à reprodução da vida. São elementos profundos que revelam, nos discursos, a afetividade em relação a situações, instituições, conceitos, pessoas, estratos sociais etc., constituindo um desmascaramento ideológico. A propósito, ver Lyotard (1973, especialmente a unidade *"Petite économie libidinale d'un dispositif narratif: la Régie Renault raconte le meurtre de Pierre Overney"*).

denominados *integração profunda* (mercado comum e união econômica), que envolvem interferências em outras áreas além da economia, influindo em mudanças nas esferas social e política.

Como forma inicial, estão as zonas de preferências tarifárias, em que se concedem preferências para o comércio entre os membros, em detrimento dos não-membros. A seguir, a área de livre-comércio, que corresponde a uma experiência onde as tarifas e restrições quantitativas ao comércio são abolidas entre os Estados participantes, mas cada um conserva sua política comercial e tarifas próprias em relação a terceiros países.

Como terceira opção, a união aduaneira caracteriza-se, além da supressão das discriminações comerciais intra-regionais, pela criação de uma tarifa externa comum em relação a terceiros países, em função da qual seus membros passam a negociar em bloco questões comerciais com o exterior. A partir do Protocolo de Ouro Preto, foi estabelecida a união aduaneira entre Brasil, Argentina, Uruguai e Paraguai, com a criação da tarifa externa comum (TEC). Em seguida, no modelo de um mercado comum, são abolidas tanto as restrições de comércio quanto as mudanças de fatores de produção. Já como experiência desenvolvida, a união econômica combina os elementos anteriores com um grau de harmonização das políticas econômicas, monetárias, fiscais e sociais. Por fim, a integração econômica total, que corresponde à unificação das políticas citadas mais o estabelecimento de uma autoridade supranacional, cujas decisões sejam obrigações para os membros da comunidade.

Ao partir para a concretização da idéia de um mercado comum, formalizada em março de 1991, com a criação do Mercado Comum do Sul, houve a decisão de acelerar o processo integracionista, definindo um prazo bastante exíguo para alcançar o objetivo proposto no Tratado de Assunção. Assim, ao ser esboçado pelo Tratado de Assunção, o Mercosul mescla três distintas situações de aproximação econômica entre países, segundo a teoria da integração. De início, refere-se à construção de uma zona de livre-comércio na região, tal como indica a eliminação de tarifas alfandegárias e não-alfandegárias. Em um segundo momento, ambiciona sustentar uma política comercial externa comum, com relação a outros países, estabelecendo uma tarifa externa única, o que caracteriza uma união aduaneira. Finalmente, objetiva alcançar o patamar superior e derradeiro, da formação de todo o mercado comum, com a livre circulação dos bens, do capital, do trabalho e do conhecimento.[24]

Ao fazer essa análise do Mercosul, Seitenfus destaca que alguns autores perceberam uma certa confusão na utilização desses conceitos desde o texto do próprio tratado, o que pode demonstrar, após uma investigação mais profunda, uma certa falibilidade da ação governamental, pois as três formas de cooperação guardam diferenças fundamentais. Caberia então o questionamento: ou o governo federal desconhece, o que é difícil, as diferenças entre zona de livre-comércio, união aduaneira e mercado comum, ou ele nos faz acreditar em um grande mercado, quando na verdade o que pretende é atenuar ou dirimir alguns entraves para certos setores econômicos.[25]

Buscando explicar o ressurgimento do regionalismo em distintas partes do mundo no final dos anos 1980 e nos anos 1990, os estudiosos das relações internacionais começaram a analisar os fatores causais desse fenômeno. De acordo com Gómez, as aborda-

---

[24] Esta análise foi baseada em Seitenfus (1994).
[25] Ibid.

gens teóricas que tratam dessa matéria vêem as ações interestatais de cooperação regional como constrangimentos de adaptação: primeiro, dos determinantes derivados da dinâmica institucional imanente ao processo integrativo, na perspectiva do institucionalismo neofuncional; segundo, dos desafios enfrentados pelos Estados, o que os leva a desenvolver um processo de barganhas intergovernamentais em função da competição entre as nações e dos requerimentos de "interesses nacionais" formados no nível doméstico, na perspectiva do neo-realismo intergovernamental; terceiro, da necessidade da cooperação em virtude de situações de mútua interdependência entre os Estados, segundo a teoria dos regimes internacionais.[26]

Estas perspectivas servem de base para a reflexão de que, em qualquer nível de integração econômica, os países perdem uma certa porção de soberania nacional e graus de liberdade na condução das políticas macroeconômicas, para ceder lugar a uma atuação coordenada e conjunta. A questão da institucionalização do Mercosul abriu espaço para amplo debate a respeito da soberania nacional *versus* poder de instituições supranacionais, vistas como fenômenos precoces na atual etapa do processo de integração.

Caso o Brasil pretenda integrar um mercado comum, a existência de organismos conjuntos, dotados de personalidade jurídica e de uma mínima esfera de jurisdição comum, é indispensável para o próprio processo integracionista. Entretanto, ainda não estão claros os objetivos brasileiros quanto à formação de uma zona de livre-comércio, união aduaneira, ou efetivamente um mercado comum. A discussão desse problema será aprofundada a partir da análise dos discursos políticos dos governos de José Sarney, Collor de Mello e Itamar Franco, quando se torna imperativo avaliar suas falas para se chegar à idéia de uma transitoriedade de enunciados, se ela é capaz de revelar a existência de um substrato comum, e quanto ela contém de incoerência e coerência.

Keohane e Nye lançaram a pedra angular do paradigma da sociedade global ou da interdependência. Ao tratarem do conceito da interdependência, eles afirmam que, "na política mundial, interdependência refere-se a situações caracterizadas por efeitos recíprocos entre países ou entre atores em diferentes países".[27]

O paradigma da interdependência abre as portas para os atores não-governamentais e reconhece o poder que as empresas transnacionais exercem sobre as relações internacionais. O Estado-nação e seu elemento fundamental, a soberania, perdem importância e tendem a desaparecer no universo percebido e analisado por tal paradigma. Na perspectiva da interdependência, o processo de integração entre Estados corresponderia a um regime internacional, onde os governos cooperariam para lidar com questões decorrentes da interdependência entre os mesmos, a partir de certas regras de conduta. Nesta abordagem, a integração seria vista como uma forma de os Estados gerenciarem a interdependência, dando um destaque relativo às instituições supranacionais e concentrando sua preocupação no fortalecimento conseqüente dos Estados-membros. Entretanto, no caso específico do Mercosul não existem instituições supranacionais. A estrutura institucional do Mercosul passou por duas etapas: uma estrutura provisória para o período de transição e outra estrutura definitiva, quando já estavam concluídas as negociações. A característica básica dessas estruturas é que seus órgãos eram/são institui-

---

[26] Gómez, 2000:140-152.
[27] Keohane e Nye, 1988, passim.

ções intergovernamentais, e não supranacionais, e que tomavam/tomam suas decisões por consenso dos quatro países-membros.

Segundo a visão de alguns pesquisadores, o Mercosul é um caso especial, com essa busca de regras confiáveis para uma interdependência que ainda não existia. Uma certa interdependência regional do Paraguai e do Uruguai com relação ao mercado Brasil/Argentina até existia. No momento da criação do Mercosul, Argentina, Brasil, Paraguai e Uruguai não tinham o mesmo nível de interdependência com outros países nem entre si. Houve, então, a tentativa de criar uma interdependência regional.[28]

A palavra globalização traz consigo o sentido de conjunto, totalidade, de modo que, tomada em si, evoca a imagem de um mundo homogêneo e integrado. Esta representação, a visão idealizada da globalização, está ligada aos aspectos discursivos do nosso objeto. Tal consideração nos leva a supor que os discursos possam conter elementos conducentes à instauração de um mito, nesse sentido, com as propriedades pertinentes que cabem a esse aspecto particular de ideação. Pode-se mesmo avançar na suposição, procurando identificar atuantes, emissores e interlocutores, instaurados discursivamente, como elementos "necessários" na construção ideológica em causa.[29] De fato, a mitificação política ocorre de modo freqüente nas situações de tensão e expectativa diante do desconhecido, como é o caso, em decorrência da instabilidade patente da nova ordem internacional conseqüente à dissolução dos dois blocos antagônicos existentes durante a Guerra Fria. Nesta perspectiva, há autores que afirmam a possibilidade de desenvolvimento de uma cooperação mútua entre os povos e formação de uma sociedade mundial. Em função dessa nova ordem, os processos de integração ganharam um novo impulso.

O desenvolvimento da tecnologia e a globalização da economia propiciaram a emergência de uma sociedade mundial formada por Estados soberanos. Na perspectiva de Bull,[30] ao falarmos de sociedade internacional, referimo-nos a um grupo de Estados que estabeleceram, através do diálogo e do consenso, regras e instituições comuns para organizar suas relações, em função de terem interesses comuns e para manterem acordos. Segundo ele, o traço comum de todas as sociedades internacionais é que elas fundaram uma civilização ou uma cultura comum, ou alguns de seus elementos, como língua, religião, código ético. Esses elementos comuns facilitariam a comunicação e reforçariam os laços entre os membros da sociedade. Bull afirma que, por sistema político mundial, entendemos a rede mundial de interações que reúne não só os Estados, mas também outros atores políticos. Ele fundamenta a idéia da globalização como um processo de socialização.

Para outros autores, são a fragmentação e a desintegração que ganham ênfase na globalização. Nessa abordagem, observam-se o processo de concentração de capitais e a fragmentação dos Estados. Esse enfraquecimento da soberania dos Estados nacionais é justificado pela crescente interdependência entre as economias nacionais e pela emer-

---

[28] Esta análise foi apoiada em Albuquerque (1997). Ele levanta a hipótese de que é a criação da interdependência econômica e, a partir desta, também a integração política e social entre os países do Mercosul que constituem o verdadeiro dinamismo, o que vai levar a uma consolidação. E não necessariamente a visão e a estratégia dos governos.
[29] Ver Barthes (1996), Barros (1988) e Girardet (1987).
[30] Bull, 1977, passim.

gência de um sistema transnacional, ambos movidos por interesses inerentes à lógica do neoliberalismo, a competitividade.

Na perspectiva da globalização, no final dos anos 1980, em função do processo de mundialização da economia e do novo impulso experimentado pelos processos de integração nos marcos de uma nova ordem internacional em formação, desenvolveu-se uma série de argumentos em favor da integração, vinculados à globalização e à interdependência por ela acarretada. A integração se afigurava então como processo "moderno", indispensável à inserção na ordem mundial, sem a qual ocorreria um inexorável apartamento internacional. Neste caso, como elemento básico, a globalização atuaria como um estímulo aos processos de integração. Por um lado, houve um aumento da interdependência econômica que fortaleceria a tendência homogeneizadora das forças de mercado e de criação de uma sociedade civil transnacionalizada.

Nesse quadro, o regionalismo contribuiria para o manejo da inserção no mercado global com padrões de concorrência alterados, assim como para enfrentar pressões no sentido da homogeneização das políticas econômicas. Por fim, o marco da integração apontaria para maior facilidade de influenciar as regras que orientam a economia mundial. O processo de globalização é fundamental para a nossa abordagem teórica porque o Mercosul foi criado conforme essa nova perspectiva mundial. De um ponto de vista discursivo, a globalização se apresenta como processo inevitável, localizando-se no espaço das "naturalizações", que, afinal, Roland Barthes considerou, certa vez, uma posição entranhadamente fatalista e conservadora.[31]

Schirm[32] sustenta que a convergência simultânea de interesses em favor da organização regional de Estados foi incentivada pela globalização transnacional. Na sua perspectiva, o Mercosul não pode ser explicado pelas abordagens que se limitam à dinâmica institucional ou à formação do interesse nacional e às negociações intergovernamentais. Devido ao fato de que os Estados tiveram de se adaptar às pressões competitivas da globalização transnacional, de atores e sistemas que não são configurados por territórios e interesses nacionais, e que solapam as tradicionais políticas econômicas nacionais e as coalizões internas, a governança regional conjunta em áreas políticas específicas se tornou uma opção atraente para reagir às novas restrições. Com a conceituação da globalização transnacional como um fator explanatório de cooperação regional, Schirm procura complementar as outras abordagens e define a globalização transnacional como "um conjunto de atores e sistemas que não são moldados por interesses, territórios e normas nacionais específicos e que operam globalmente".[33]

Referindo-se ao Mercosul, Schirm detecta como um incentivo à cooperação entre Brasil e Argentina o aumento da competitividade das respectivas economias e a utilização de acordos regionais para ancorar as reformas liberais internas.

Ao estudar a interação entre política interna e externa, Milza argumenta que não há diferença de natureza e separação estanque entre o interior e o exterior, mas interações evidentes entre um e outro, com primazia reconhecida do interior sobre o exterior. De sua argumentação a respeito da influência da política interna sobre as orientações de política externa, destacamos a que se refere à busca do consenso pela política externa, vi-

---

[31] Barthes, 1953.
[32] Schirm, 1996.
[33] Ibid., p. 265.

sando construir ou preservar a unidade da nação em torno de "um grande projeto". Uma das influências externas sobre o comportamento interno de um Estado são os dados geopolíticos ou geoestratégicos.[34] De qualquer modo, essa posição de Milza sugere também a necessidade de impor "ajuste" ao *status* interno em relação ao "grande projeto" externo. O resultado inevitável é a produção discursiva instaurada para convencer e remover as forças de oposição, fortemente arraigadas na tradição nacional, agora contraditadas pela perda relativa de autonomia, por força da integração econômica. Daí esse conjunto discursivo tender para uma direção mitificadora.

De outro modo, como fantasmas a esconjurar, ainda perduravam a inflação, a estagnação econômica do governo Figueiredo, a herança distributiva do malogrado milagre econômico. A "abertura" surgia então como uma promessa de redenção, que a integração regional viria a realizar. Portanto, as circunstâncias históricas favoreciam uma profusão discursiva de caráter mitificador e esse é um dos pontos essenciais que pretendemos abordar.

Nessa perspectiva inscreve-se o processo de integração do Cone Sul, que se vincula a "um grande projeto" de política externa para melhorar a inserção internacional do Brasil, para a modernização da economia mediante a abertura de mercados, enfim para ancorar as reformas neoliberais como propulsoras do desenvolvimento do país. Além disso, a geografia influenciou a cooperação entre os países vizinhos do Cone Sul no desenvolvimento de projetos estratégicos nas áreas nuclear, energética e de transportes.

Sobre a questão das fronteiras, também foi considerada a argumentação de Duroselle, que aborda, além do aspecto histórico, a "vida" das fronteiras. A respeito do aspecto histórico, os pontos por ele destacados são: a fronteira emerge de origens e preocupações diversas; ela é espessa entre dois povos de níveis tecnológicos diferentes; a dos impérios se caracteriza pela complexidade da rede; a linear se generalizou por toda parte nos séculos XIX e XX; a utopia da "não fronteira". Já a "vida" das fronteiras pode ser passiva e ativa, ressaltando nesta última a teoria da iconografia, que introduziu uma idéia nova de nação, baseada no "tempo que cria seus interesses, imagens e sua vida comum".[35]

Refletindo sobre o imaginário nas relações internacionais, Girault mostra como a opinião pública é manipulada na construção de um mito.[36] E Girardet, em sua abordagem sobre o imaginário político, ressalta que as estruturas míticas geralmente se vinculam a momentos de crise.[37] De maneira mais elaborada, Barthes estabelece, numa semiologia influenciada pelo estruturalismo, uma teoria geral do mito como significação.[38] Para ele, o mito constitui uma fala, "não uma fala qualquer". É antes um sistema de comunicação e uma mensagem. Apresenta a propriedade de encerrar simultaneamente o significante e o significado, ou, pelo menos, o encerra.

A fala e o discurso escrito (como outras metalinguagens) são suportes mitológicos, constituindo-se o mito numa linguagem, por vezes profusa, mas que acaba por encerrar-se num signo sintético, considerando-se sua utilidade final. É verdade que o mito não se

---

[34] Milza, 1996.
[35] Duroselle, 2000.
[36] Girault, 1998.
[37] Girardet, 1987, passim.
[38] Barthes, 1989.

constitui, senão excepcionalmente, numa criação cerebrina, planejada, mas no produto de um tempo em que se "instituem" verdades incontestáveis, como o são a globalização, a inexorabilidade das leis do mercado, a inevitabilidade da integração e da abertura dos mercados. Os mitos se criam mais facilmente nos momentos de crise, em meio à necessidade de buscar conformação e justificativa para o que se institui, num processo de disciplinamento na nova ordem emergente. Não é raro os mitos surgirem em contraposição a outros mitos. Cabe investigar os discursos quanto ao que neles se encerra de "mitológico", quanto a um Mercosul instaurado como resultado de um mundo "inevitavelmente" integrado. Da mesma forma, cabe verificar se a oposição ao discurso oficial — que acenava sempre com a desproporção para o mercado brasileiro, que se abria sem restrições em face dos demais do Cone Sul, com a perda de postos de trabalho, com a falta de proteção ao setor agrícola etc. — não constitui, por sua vez, uma mitificação do tipo "contramito".

De fato, basta examinar o quanto se produziu (como discurso — nesse caso, como discurso externo àquele produzido na esfera presidencial e diplomática) nas universidades, nas redes de televisão e na imprensa sobre o Mercosul. Os títulos das matérias são quase os mesmos, os desejos quase idênticos, os temas quase invariáveis, as oposições em geral tênues, as euforias e disforias quase repetidas. O mito tem igualmente como função a quebra de resistência, ele é um naturalizador. A repetição midiática não deixa de conceder razão a Pierre Bourdieu em seu conceito de "circulação circular da informação", quando mostra uma convergência perigosa da opinião pública em relação à percussão exclusiva da informação, por si deformante e tendenciosamente antidemocrática.[39] Nesta perspectiva inscreve-se a nossa proposta de discutir alguns aspectos do universo simbólico do processo de integração do Cone Sul.

Fontes de dados

Constatamos, nas nossas fontes, que a integração do Cone Sul, como projeto de política externa, teve suporte objetivo e subjetivo. Ambos se misturaram, produzindo efeitos sobre as crenças e práticas que conformaram o imaginário político brasileiro.

O quadro teórico-metodológico apresentado foi utilizado como base para a análise das fontes. E, dadas a complexidade e a abrangência do tema, começamos o trabalho com uma consulta às fontes primárias, constituindo-se como peças-chave os discursos presidenciais e dos chanceleres, bem como os registros das vozes influentes. Realizamos, também, uma pesquisa bibliográfica, incluindo a imprensa (jornais e revistas), e uma pesquisa documental, onde a memória dos fatos foi recompilada por documentos coesos (legislação e textos básicos), que identificaram a origem e o aprofundamento do processo integracionista do Cone Sul.

Analisamos os discursos do poder público, que ofereceram o quadro da postura política oficial, e consultamos a imprensa, que fez o contraponto a essa postura, criticando positiva ou negativamente as orientações do processo intergracionista do Cone Sul. A imprensa e os documentos da implementação do Mercosul foram fundamentais para identificar o significado desse processo e das suas orientações idealistas e realistas.

---

[39] Bourdieu, 1997.

Por considerar prioritário o exame dos editoriais da grande imprensa como elementos discursivos de diálogo entre a postura do Estado e os demais setores interessados, procuramos ter em conta, também, a voz paralela daqueles que não se incluem habitualmente no circuito principal, como a posição dos partidos políticos e das entidades de classe. De qualquer sorte, a perspectiva foi sempre, prioritariamente, a da visão discursiva.

A nossa reflexão crítica concentrou-se nos governos de José Sarney, Collor de Mello e Itamar Franco, e foi realizada a partir da análise preliminar das seguintes fontes primárias, publicadas pelo Ministério das Relações Exteriores: pronunciamentos dos chefes das delegações brasileiras às XL, XLI, XLII, XLIII, XLIV, XLV, XLVI, XLVII, XLVIII, e XLIX sessões de abertura da Assembléia Geral da ONU; discursos, palestras e conferências do ministro das Relações Exteriores Celso Amorim[40] e dos demais ministros das Relações Exteriores desses governos em outros fóruns, em momentos de destaque para a integração do Cone Sul.

Os discursos são documentos políticos por excelência, de registro e memória da política defendida e realizada por um governo e que objetiva estabelecer um diálogo entre o Brasil e o mundo, entre o interno e o externo, entre o ideal e o real. Além disso, os discursos são um elemento característico da prática diplomática, ou melhor, um instrumento necessário, previsível e reconhecido nas relações internacionais. Eles constituem os momentos fundamentais nos quais estão definidas visões e expectativas, contextualizadas na política que as determinam; neles são explorados pontos concretos de interesse da política externa e são enviados recados internacionais.[41]

Sobre os discursos políticos, Kissinger comentou:

> Coerência em política externa emerge — se o fizer — de pronunciamentos presidenciais. Eles servem como a mais efetiva diretriz para a mais acomodada e voluntariosa burocracia e suprem critérios para os debates públicos ou no Congresso.[42]

A nossa opção pelo discurso político deve-se ao fato de que as formulações políticas, que muitas vezes se tornam ações de política externa, sofrem influências das mudanças externas e internas. O estudo da linguagem política de forma contextualizada mostra o aspecto dinâmico e o modo como são produzidas as idéias políticas em determinado momento histórico.[43] Estudando o discurso diplomático no período abordado na pesquisa, Mello e Silva ressalta:

> Para além das disputas reais e retóricas entre desenvolvimentismo e neoliberalismo, possivelmente uma das maiores rupturas do discurso diplomático brasileiro atual em relação ao paradigma globalista diz respeito à aceitação do conceito de "soberania compartilhada".[44]

---

[40] Celso Amorim assumiu o cargo de ministro das Relações Exteriores em 31-8-1993 e foi o segundo chanceler do governo Itamar Franco, sucedendo o senador e, depois, presidente eleito Fernando Henrique Cardoso.
[41] Danese, 1999:457-459.
[42] Kissinger, Henry. *Diplomacy*. New York: Simon and Schuster, 1994. p. 765. Apud Danese, 1999.
[43] Pagden, 1990.
[44] Silva, 1999:6.

O noticiário de imprensa, englobando jornais e revistas nacionais e internacionais, foi pesquisado em três locais distintos: no Setor de Periódicos da Biblioteca Nacional; no Núcleo de Documentação do Instituto de Relações Internacionais da PUC-Rio, a partir dos boletins elaborados pelo Centro de Documentação e Estudos da Bacia do Prata da UFRGS; na Diretoria de Pesquisa da Universidade Estácio de Sá, o arquivo específico do governo Collor de Mello. Foram ainda consultados o Arquivo Nacional, o Arquivo Histórico do Ministério das Relações Exteriores e o Cpdoc da Fundação Getulio Vargas.

Considerando o recorte do objeto histórico da pesquisa, selecionamos para análise as fontes que privilegiaram informações quanto às representações, significados e orientações do processo de integração do Cone Sul, tendo a preocupação em cotejar as falas com o noticiário de imprensa, para entender a sua relação. Portanto, a técnica de levantamento das fontes não foi aleatória.

Direcionamos a pesquisa a partir das seguintes hipóteses: a construção do processo de integração do Cone Sul no contexto da política externa brasileira, durante o período analisado, teve um *significado* no imaginário político brasileiro; e as orientações do projeto de integração do Cone Sul, no contexto da política externa brasileira, apresentaram-se nos discursos políticos do governo de José Sarney mais próximas de uma *visão realista*, do que nos discursos políticos dos governos Collor de Mello e Itamar Franco, quando se apresentaram mais próximas de uma *visão idealista*.

Supomos que esse percurso da política externa corresponde a um percurso discursivo, que essa transitoriedade se pode constatar na diacronia desses governos, tanto no que tange ao quadro interno objetivo quanto nas aspirações e ideações investidas na mudança do quadro externo.

Capítulo 2

Os novos tempos da integração do Cone Sul nos discursos políticos do governo de José Sarney[45]

Democracia, desenvolvimento e cooperação regional

É nosso propósito apresentar aqui algumas reflexões sobre o início do projeto integracionista do Cone Sul, no contexto da política externa brasileira, a partir de uma análise dos discursos políticos do governo Sarney. Não temos o objetivo de descrever esse projeto de política externa de maneira detalhada, mas sim o fito de descobrir as motivações do governo Sarney, localizando as tensões e desafios manifestos nas falas do presidente e dos ministros do ponto de vista do comportamento externo do país, principalmente quanto à vontade expressa de um relacionamento mais profundo com a Argentina.

Sobressaem nesses discursos determinados tipos de coação internacional, que manobrava principalmente com a dependência econômica, em meio à crise do sistema internacional, o que levou ao surgimento de novas preocupações com o problema da identidade e autonomia brasileiras, especialmente no que concerne à coordenação de uma política externa orientada para a determinação de formas de inserção no sistema global.

O retorno à normalidade política no Brasil recuperou a valorização da negociação e do consenso na tomada de decisões, alterando substancialmente a ordem institucional, com o fim do período de 20 anos de excepcionalidade em que os militares exerceram efetivamente o poder de Estado. No Cone Sul, que passara pelo mesmo processo de anormalidade institucional ocorrida no Brasil, a necessidade de consolidar os novos processos democráticos atuou como compromisso e como condição nos avanços em matéria de cooperação regional.

Havia um cenário de crise, o Brasil encontrava-se numa situação de vulnerabilidade externa devido à crise da dívida e, além disso, o cenário internacional apresentava-se com os mercados do Sul empobrecidos e os do Norte com protecionismo renovado. Nesse quadro de desmobilização da ação coletiva do Terceiro Mundo nos foros econômicos globais de negociação, o Brasil, entre outras nações, foi pressionado pelos países

---

[45] Com o falecimento do presidente Tancredo Neves, em 21-4-1985, o vice-presidente José Sarney assumiu o cargo e exerceu a presidência da República até 15-3-1990, tendo sido presidente interino de 15-3-1985 a 20-4-1985.

industrializados e pelas agências econômicas multilaterais a promover o ajuste estrutural da sua economia.

Nesse contexto, a política externa do governo Sarney caracterizou-se por apresentar um traço de continuidade[46] do processo de abertura política, iniciado no governo Geisel e aprofundado no governo Figueiredo, quando se recuperou o entrosamento entre a presidência e o Itamarati. A corrente do Itamarati que privilegiava o incremento da aproximação com o Terceiro Mundo, especificamente com a América Latina, encontrou no presidente Sarney um importante aliado. Esse apoio teve grande influência no processo de integração do Cone Sul, que se iniciou com a aproximação política com a Argentina.[47]

Essa ênfase no relacionamento com a América Latina ganhou expressão no conjunto de pronunciamentos do Brasil, nas sessões de abertura da Assembléia Geral da ONU e em outros fóruns,[48] em que o país chamou a atenção do mundo para os problemas de toda ordem que vinham sendo enfrentados pelo continente.

Durante toda a gestão Sarney, observou-se a prática de uma política exterior uniforme, sem alterações, mesmo quando houve mudança de titular no Ministério das Relações Exteriores,[49] com a substituição de Olavo Setúbal[50] por Abreu Sodré.[51] Tal uniformidade, pelas suas características de continuidade com o período imediatamente anterior, pode ser explicada em grande parte pelo papel destacado do Itamarati na condução das relações exteriores do país, como vem ocorrendo, aliás, em maior ou menor intensidade, há bom tempo na história republicana, conferindo à diplomacia brasileira

---

[46] Segundo o secretário-geral das Relações Exteriores, embaixador Osmar V. Chohfi, "o termo continuidade é usado com freqüência para definir a atuação da diplomacia brasileira. A continuidade de nossa política externa deve-se a alguns fatores, dentre os quais: nossa inserção geográfica na América do Sul; nossas relações pacíficas com os vizinhos; a inexistência de problemas fronteiriços; nossa extensão territorial, que faz do Brasil um 'país continental'; a unidade lingüística, que equilibra a diversidade cultural; e o respeito sistemático a três princípios importantes: o de não-ingerência nos assuntos internos de outros países, o de não-intervenção e o de solução diplomática de controvérsias, estando os dois últimos explicitados na Constituição".
[47] Campbell, Rosemberg e Svarzman, 2000:49.
[48] Ver os seguintes discursos: a) ministro Olavo Setúbal, em Caracas, 6-12-1985, por ocasião da XI Reunião Ordinária do Conselho Latino-Americano do Sistema Econômico Latino-Americano (Sela). *Resenha de Política Exterior do Brasil*, n. 47, p. 67-71, 1985; b) ministro Abreu Sodré, em Punta del Este, 16-9-1986, por ocasião da Reunião Ministerial das Partes Contratantes do Acordo Geral de Tarifas e Comércio (Gatt). Ibid., n. 50, p. 57-58, 1986; c) ministro Abreu Sodré, em Nova York, 30-9-1986, por ocasião da Reunião Ministerial do Grupo dos 77. Ibid., n. 50, p. 85-88, 1986; d) ministro Abreu Sodré, na Cidade do México, 22-1-1987, por ocasião da Conferência Extraordinária da Comissão Econômica para a América Latina e o Caribe (Cepal). Ibid., n. 52, p. 25-29, 1987; e) ministro Abreu Sodré, em Montevidéu, 11-3-1987, por ocasião da terceira reunião do Conselho de Ministros das Relações Exteriores dos países-membros da Associação Latino-Americana de Integração (Aladi). Ibid., n. 52, p. 51-54, 1987; f) presidente José Sarney, em Acapulco, 27-11-1987, por ocasião da sessão pública de abertura da Reunião Presidencial do Mecanismo Permanente de Consulta e Concertação Política. Ibid., n. 55, p. 39-41, 1987.
[49] Waack, William. "Itamarati recebe novo Chanceler com restrições". *Jornal do Brasil*, 13 fev. 1986. *Boletim Cedep/UFRGS*, 1986.
[50] Olavo Egydio Setúbal foi ministro das Relações Exteriores de 15-3-1985 a 14-2-1986.
[51] Roberto Costa de Abreu Sodré foi ministro das Relações Exteriores de 14-2-1986 a 15-3-1990.

uma posição de reconhecimento no contexto internacional.[52] A propósito, assim se pronunciou Abreu Sodré:

> A política externa brasileira não se baseia em causas ilusórias ou segue arroubos retóricos. Ao contrário, ela traduz conceitos, aspirações e interesses permanentes e legítimos.
>
> Somos um país novo, mas não um país imaturo. Somos um país que possui uma identidade própria, a qual valorizamos e respeitamos, como respeitamos e valorizamos as outras nações.
>
> Nossas declarações são a expressão clara, franca e direta de valores profundamente enraizados na sociedade brasileira.
>
> Quando falamos em paz, não nos julgamos jamais redundantes. Não hesitamos em ser insistentes, ou mesmo repetitivos. Por isso me permito reafirmar aqui palavras neste mesmo foro proferidas, por ilustre predecessor meu na função de Ministro das Relações Exteriores do Brasil, João Augusto de Araújo Castro: "Vivemos um sistema de causas e efeitos recíprocos. Assim como a paz é indivisível — pois a paz implica em nexo de interdependência cuja consolidação requer a cooperação das soberanias — assim também é indivisível o desenvolvimento econômico e social, condição e expressão dessa paz". [53]

Neste trecho de seu discurso na ONU, o chanceler Abreu Sodré não acenou com grandes mudanças, deixando transparecer que a política externa manteria as linhas principais do governo anterior. Além disso, salientou que uma condição para a consolidação da interdependência seria a cooperação entre soberanias, o que pode ser entendido como uma crítica ao crescente protecionismo dos países mais desenvolvidos e, também, às difíceis negociações sobre a dívida externa brasileira e dos demais países da América do Sul. Mas, de qualquer forma, ficava patente que o Ministério das Relações Exteriores voltava a ter pleno papel na formulação da política internacional brasileira.

No pronunciamento do ministro Abreu Sodré, na Escola Superior de Guerra, encontra-se a síntese da atuação do Itamarati no governo Sarney, privilegiando na ocasião os seguintes temas: denúncia do imobilismo no diálogo Norte-Sul[54] nos organismos internacionais; descontentamento com o protecionismo das nações industrializadas; busca de tratamento político para a dívida externa; manifestação de que o atendimento das obrigações financeiras internacionais do país carece de concomitante crescimento e de

---

[52] Bueno, 1994a:117-118.
[53] *A palavra do Brasil nas Nações Unidas, 1946-1995.* p. 468-469.
[54] Clodoaldo Bueno esclarece que "o termo 'Norte-Sul' designa uma bissegmentação mundial entre países industrializados e em desenvolvimento posta em evidência com o declínio do confronto Leste-Oeste. Foi lançado em meados da década de 70 e, após uma fase de imobilismo e outra de relançamento, na segunda metade da década de 80 passou por redefinição de conceitos, na qual o discurso ideológico e terceiro-mundista foi reavaliado" (Bueno, 1994a:128).

participação justa no comércio internacional; busca de saldos comerciais e expansão das exportações brasileiras.[55]

Essas questões exerceram grande influência nas motivações do governo Sarney, no sentido de aprofundar e melhorar as bases de cooperação na América do Sul, destacando-se o incremento da aproximação entre Brasil e Argentina, que teve início na gestão do chanceler Ramiro Saraiva Guerreiro (1979-85) e que deu origem ao processo de instituição gradual do Mercosul

Observa-se que o quadro da crise, descrito por Abreu Sodré em outra ocasião na ONU, em suas dimensões interna e externa, vinha provocando alguns pontos de estrangulamento para a sustentação e o prosseguimento da política externa brasileira. No quadro internacional, o problema fundamental que se colocava era o reduzido poder de barganha do país, num momento de crescente vulnerabilidade econômica. No plano interno, revogada a ditadura, a questão mais relevante se concentrava na construção de uma base que amparasse uma posição autônoma e soberana para a nação. Assim se pronunciou o ministro Abreu Sodré na ONU:

> Venho às Nações Unidas exprimir, com segurança e convicção, a palavra meditada e construtiva de um Brasil novo, que celebra seu reencontro com a democracia e já consuma, revigorado, com decisão e certeza, transformações significativas.
>
> É expressivo o balanço dos 18 meses da Nova República.
>
> Consolidamos nossas instituições políticas, abolindo os resíduos do autoritarismo e gerando espaços para uma democracia avançada e irredutível, uma sociedade plena, aberta, moderna e solidária.
>
> (...)
>
> Tal como a nação que estamos empenhados em construir, queremos uma ordem internacional politicamente democrática, economicamente próspera e participativa, socialmente justa. Queremos liberdade, desenvolvimento, eqüidade.
>
> Não parece, no entanto, que tais anseios estejam próximos de serem atendidos. Pelo contrário.
>
> No plano político, a tendência à "rebipolarização" esvazia os mecanismos internacionais de entendimento coletivo e democrático. A confrontação substitui o diálogo, o poder passa a predominar sobre o consenso. A ameaça da força, e mesmo seu emprego, substituem os meios de negociação no tratamento das disputas. Como se fosse de per si eficiente, o poder, para resolver conflitos. Onde presente a força, hoje, os impasses são mais freqüentes do que as vitórias ou as derrotas. A força, além de ilegal, tem-se provado também não funcional.
>
> Tinha razão o historiador que, no século passado, previu que o século XX seria o século de terríveis simplificações. A vasta complexidade das relações internacionais é aprisionada em esquematizações triviais, que dividem os países conforme a lógica fácil das dicotomias, separando-os em campos distintos e necessariamente opostos, procurando anular a espontânea multipolaridade do mundo de nossos dias.

---

[55] Ministro Abreu Sodré. Atividade diplomática exige diálogo. Palestra proferida na Escola Superior de Guerra, 27-6-1986. *Resenha de Política Exterior do Brasil*, n. 49, p. 123-140, 1986.

(...)

Já o sistema econômico internacional é conduzido por automatismos anacrônicos que estão em contradição com os interesses de boa parte da comunidade internacional — em primeira instância os países em desenvolvimento. No campo comercial predominam regras que refletem prioritariamente o interesse das nações industriais mais poderosas — e mesmo essas regras são freqüentemente transgredidas. Nos campos financeiro e monetário, a economia mundial está sujeita ao impacto de medidas tomadas unilateralmente e que podem afetar decisivamente os países em desenvolvimento, sem que a estes se preserve qualquer direito — direito a voz, a contestação ou a reparação.

No que respeita à eqüidade, à desejável redução do grande fosso entre países ricos e pobres, vimos assistindo à paralisação quase completa da cooperação econômica internacional. As iniciativas dos países em desenvolvimento esbarram no imobilismo e mesmo na hostilidade dos países desenvolvidos. Acentua-se, por outro lado, o protecionismo comercial destes países, prática iníqua inclusive porque incorretamente comparada com as medidas legítimas que os países em desenvolvimento necessitam adotar para proteger sua nascente produção interna. Há uma diferença indisfarçável entre um e outro comportamento: um preserva a concentração de riqueza, sustentando atividades não-competitivas, outro busca assegurar a sobrevivência dos países mais pobres em sistema internacional injusto e desequilibrado, que os obriga, inclusive, a acumular saldos crescentes para o pagamento de seus compromissos financeiros externos.

(...)

Não se afigura favorável, pois, o clima das relações internacionais para países em desenvolvimento como o Brasil.[56]

Ressaltemos que as principais idéias deste discurso seriam repetidas pelos governos de Collor de Mello e Itamar Franco, com adaptações de tom e linguagem, para diferentes públicos, em circunstâncias e lugares distintos, estabelecendo, assim, uma lógica discursiva geral, em seu caráter de mitificação, no que se refere especialmente à repetição temática, associando as mesmas idéias ao sabor de novos eventos, dentro de um estreito círculo em que se davam.[57]

Na nossa percepção, o enunciado principal desta fala concentra-se na idéia mítica da unidade do corpo social da nação, do Brasil novo, renascido da ditadura extinta, ora ameaçado por uma conspiração internacional. Os países ricos são estigmatizados como um segmento perverso que ameaçava a nação renovada. A mitificação começa a mostrar-se substanciosa, pela revelação de atuantes adversos e mal divisados, da mesma forma que se afiguram falas e atitudes conspiratórias, que, em larga medida, se apresentam como elementos constituintes clássicos dos mitos, conforme a melhor literatura.[58]

No plano temático, o primeiro trecho desse discurso do ministro Abreu Sodré apresenta ao mundo o retorno à democracia como um traço de novidade na identidade

---

[56] *A palavra do Brasil...* cit. p. 458-460.
[57] Girardet, 1987, passim.
[58] Ver Girardet (1987) e Barthes (1989).

do país, passado o quarto de século ditatorial. Vislumbra-se, também, no terceiro parágrafo, o recuo dos Estados Unidos quanto ao apoio aos regimes ditatoriais na América Latina, iniciado com o presidente Carter e mantido com o presidente Reagan, demonstrando que o Partido Republicano confiava numa ampliação pelo controle econômico em face do neoliberalismo nascente. Não deixa de ser um elemento retórico, configurado em forma de esperança de apoio, uma vez realizada a mudança política no Brasil. Com efeito, no final do terceiro parágrafo, no segundo trecho dessa fala, encontra-se ressaltada a alusão a um sistema internacional baseado na negociação, uma característica da democracia. Assim, o discurso se apresenta numa forma lógica que busca adequar sua coerência interna com a impulsão do novo regime em relação às suas pretensões internacionais.

O ministro Abreu Sodré apresentou também um problema velho — o protecionismo — de maneira nova, no terceiro trecho dessa fala. Ele manifestou o descontentamento do Brasil, assim como dos países em desenvolvimento, com tal artifício amplamente praticado pelos países ricos e, não obstante, criticado nos discursos destes quando praticado pelos países em desenvolvimento. Não deixa de ser, de outro modo, outro elemento de coerência discursiva, pois, afinal, o regime democrático recém-instituído no Brasil não poderia vingar sem adequado desempenho de suas exportações, cerceadas pelo protecionismo. Assim, mostrava-se uma incoerência clara dos países ricos, que apoiavam a redemocratização no Cone Sul, mas não se esforçavam para permitir um pleno desafogo externo da economia regional, fazendo comprometer a *abertura*.

Destacam-se, nessa fala, as linhas principais da apresentação do Brasil nas sessões de abertura na ONU, que se constitui em um fórum privilegiado para o país apresentar as suas reinvindicações. Por conseguinte, ao fazer a avaliação realista do cenário internacional, em oposição a uma flagrante construção idealizada do país, o governo pretendia valorizar a influência dos fatores externos nas dificuldades enfrentadas pelo Brasil, tencionando, talvez, de maneira indireta, situar no campo político o problema da dívida externa.

Com efeito, esse cenário turbulento foi um dos motivos da aproximação entre Brasil e Argentina, ao ressaltar o fator econômico internacional na crise da economia latino-americana. Da mesma forma, outro fator veio favorecer positivamente essa aproximação: o fator político, com o reencontro, quase simultâneo, no Brasil e na Argentina, com o governo civil, em virtude do retorno da representação democrática, com o afastamento do regime militar do comando de ambos os países.

O presidente Alfonsín, da Argentina, também partilhava a percepção de que aquela situação adversa para os países latino-americanos contribuiu para a aproximação entre Brasil e Argentina, assinalando, na época, que essas possibilidades de integração na América Latina eram importantes e fundamentais tanto para a reativação da economia regional, quanto para a consolidação de um poder na América Latina que se fizesse respeitar mais no campo econômico internacional.[59]

No plano interno, o governo José Sarney promoveu a reforma política e o ajuste econômico, do qual o Plano Cruzado, lançado em 1986, tornou-se o principal veículo. A democracia permitiu que o Brasil se revelasse mais permeável às demandas internas e ex-

---

[59] Seleção de trechos da entrevista coletiva concedida pelo presidente argentino Raúl Alfonsín à imprensa de seu país, em 11-6-1986. *La Nación*, 12 jun. 1986. *Boletim Cedep/UFRGS*, 1986.

ternas desencadeadas no período, e a implantação da reforma econômica, por sua vez, determinou a busca de parcerias multilaterais e bilaterais, visando à configuração de novos mecanismos de inserção no quadro econômico-financeiro internacional.

As dificuldades no cenário externo concentravam-se em duas variáveis importantes: a crise e a desmobilização do mundo em desenvolvimento, e o controle exercido pelos países desenvolvidos sobre a agenda internacional. Diante dessas variáveis, o governo Sarney adotou uma dinâmica de dupla vertente: de um lado, a continuidade derivada da circunstância de que grande parte dos assuntos externos do Brasil obedecia à lógica da escala política e econômica do país e, também, das transformações por que havia passado a sua estrutura produtiva e o seu modo de inserção no mundo; de outro, a inovação, tornada possível pela democracia, como fator de facilitação do diálogo com as comunidades internacional e regional.

A aproximação com os vizinhos

Quanto ao entorno regional da América Latina, a variável a destacar era a nova densidade do relacionamento com os países que, por sua circunstância geográfica, constituem a primeira linha de projeção da política externa brasileira. Além da flexibilidade oferecida pela Associação Latino-Americana de Desenvolvimento e Integração (Aladi), dois outros fatores contribuíram para criar um ambiente mais propício à integração latino-americana: o fenômeno da redemocratização e a crescente diversificação da produção industrial. A redemocratização gerou estabilidade e legitimidade, levando os governos a buscar um contato mais estreito com os vizinhos, vistos agora como nações com os mesmos problemas e objetivos. Já a diversificação industrial significou maior complementaridade das economias, e permitiu que a redução de barreiras tarifárias produzisse aumento efetivo do comércio.

Esse novo contexto influenciou a reformulação da concepção original da integração entre Brasil e Argentina. De uma estratégia de regionalização com base em uma aliança estrutural centrada na concepção autárquica de desenvolvimento nacional, passou-se para um modelo de mercado comum baseado na conformação de um universo geográfico tarifário comum, que levou à criação do Mercosul.

Em 21-10-1985, por ocasião da instalação da Subcomissão para o Desenvolvimento Conjunto das Zonas Fronteiriças entre o Brasil e o Uruguai, assim se pronunciou o ministro Olavo Setúbal:

> A fronteira comum contribuiu para criar o clima de entendimento e franqueza que serve de moldura para o relacionamento bilateral. Com orgulho podemos nós, brasileiros e uruguaios, afirmar que, longe de nos separar, a fronteira serviu para estreitar e consolidar os laços de fraternidade que nos unem.
>
> É firme a minha convicção de que a maior vocação da fronteira é servir ao ideal latino-americano da integração entre os povos, criando condições para que possam ser concretizadas as aspirações de paz, prosperidade e democracia, que todos compartilhamos.
>
> (...)

Pela primeira vez, o Brasil e o Uruguai reúnem-se para considerar, em termos globais, as questões atinentes ao desenvolvimento da sua região fronteiriça em toda a sua extensão. Iniciativa pioneira, será de grande valia a elaboração e aprovação dos parâmetros que regerão as atividades da Subcomissão, cobrindo suas diversas áreas de atuação, como comércio, turismo, serviços, educação e saúde. Uma vez definidas tais diretrizes, disporão os dois Governos de bases sólidas para executar programas que contribuam, realisticamente, para dar conteúdo operativo aos propósitos convergentes que já identificaram.[60]

Neste trecho da fala, destaca-se a importância dada à interseção das fronteiras, que seria um espaço privilegiado onde se concentrava uma proposta de redefinição de caminhos, visando a um melhor posicionamento ante as novas dinâmicas da globalização e da marginalização. Iniciava-se a aproximação entre Brasil e Uruguai com o trabalho de valorização das áreas limítrofes, a partir de propostas concretas de desenvolvimento, inclusive no que tange às políticas públicas de ambos os países.

Ao falar das fronteiras comuns, o ministro Olavo Setúbal deixou transparecer que a integração não se resumiria às relações comerciais, mas se referiria, principalmente, à relação entre os diferentes povos, com seus valores e características próprios, que convivem nesse espaço geográfico privilegiado, em relação direta uns com os outros. Vislumbra-se aqui a fronteira numa perspectiva simbólica, não significando apenas uma região limítrofe, mas também um fim e, simultaneamente, o início e o encontro com outra região. Com efeito, Duroselle, estudando a ambigüidade da palavra fronteira, concluiu que ela deriva de origens e preocupações diversas, indicando as dimensões culturais, psicológicas e espirituais.[61]

Adiante, em prosseguimento à política explícita de aproximação no sul do continente, em 29 de novembro 1985, na fronteira entre o Brasil e a Argentina, por ocasião da inauguração da ponte Presidente Tancredo Neves, assim se pronunciou o presidente José Sarney:

> Estamos dando, hoje, outro passo histórico, que irá aprimorar o relacionamento Brasil-Argentina. Refiro-me à criação da Comissão Mista de Alto Nível para a Cooperação e Integração Econômica.
>
> Formada de representantes governamentais e do setor empresarial de ambos os países, a ela caberá examinar e propor programas, projetos e medidas que intensifiquem a integração e a complementação econômica de nossos países.
>
> Nesta oportunidade, expresso o compromisso do governo brasileiro de trabalhar intensamente com as autoridades argentinas, para que esse processo de integração se expanda a um ritmo acelerado e ganhe ampla dimensão.
>
> A integração entre o Brasil e a Argentina nasce da vontade política comum e já se traduz em iniciativas conjuntas concretas, com os projetos de represas no rio Uruguai, as interligações elétricas, os estudos sobre a viabilidade de fornecimento de gás e a associação de projetos industriais.

---

[60] *Resenha de Política Exterior do Brasil*, n. 12, p. 35-36, 1985.
[61] Duroselle, 2000:62-63.

O potencial de expansão do comércio bilateral exige mecanismos novos, capazes de reforçar as duas economias, como defesa contra uma conjuntura internacional adversa.

Ao mesmo tempo que dinamizamos as áreas tradicionais, decidimos dar, em nossa cooperação, atenção prioritária à biotecnologia, à informática, às tecnologias de ponta essenciais para evitar sermos marginalizados da revolução científica da nossa época. Num desses setores, o da tecnologia do átomo, demonstramos nossa capacidade de, sem desconfianças, preconceitos ou rivalidades, colocar a energia nuclear ao serviço exclusivamente pacífico do desenvolvimento dos nossos povos, através de projetos conjuntos.

A ponte Presidente Tancredo Neves testemunha essa disposição de cooperar de forma ativa e solidária.

Foi construída numa época em que inúmeros projetos e obras, tanto no Brasil quanto na Argentina, tinham sua execução adiada ou interrompida. Mesmo assim, fizemos todos os esforços para garantir seu término, conscientes do seu papel para a integração de nossos países.

A ponte nasceu de uma reivindicação espontânea das populações de ambos os lados da fronteira. Encerra, portanto, uma mensagem de sentido democrático em que a ação conjunta dos dois países visa ao atendimento de legítimas aspirações populares.

(...)

A ponte Presidente Tancredo Neves é mais uma expressão da forma como nossos países transformaram em dinâmica realidade o vaticínio do então presidente eleito da Argentina, Roque Sáenz Peña, que, há setenta e cinco anos, afirmou que "tudo nos une, nada nos separa".

O diálogo e a confraternização que se desenvolvem neste encontro são uma prova dessa verdade. Empenharmos o melhor de nossos esforços para prosseguir nessa via, senhor Presidente, é sem dúvida a maior contribuição que nossos governos poderão dar às relações entre o Brasil e a Argentina e à construção do seu futuro.

Façamos desta ponte, mais do que uma imagem da nossa união, um passo decisivo em nossa caminhada conjunta.[62]

O nosso objetivo, ao reproduzir citação tão longa, é ressaltar a importância deste discurso, sobretudo pela variedade temática que ali se encerra: cooperação e integração entre as duas nações, a presença simultânea dos setores público e privado, incremento do comércio bilateral, cooperação técnica e científica, distensão regional e a remoção de obstáculos, como a desconfiança quanto ao uso da energia nuclear, vinda sobremodo desde o governo Geisel, e então convertida em fator de aproximação.

Esse trecho do pronunciamento do presidente Sarney enfatizou a importância da aproximação entre os dois países, circunstanciando as medidas concretas de como essa cooperação ocorreria a partir de então. Outro aspecto importante foi o recurso discursivo a elementos fortemente simbólicos: a "ponte" que se inaugurava, como a ligar as-

---

[62] *Resenha de Política Exterior do Brasil*, n. 55, p. 19-23, 1987.

pirações comuns; a homenagem ao falecido presidente Tancredo Neves, que se esforçara pelo reencontro do Brasil com a democracia; a menção à histórica visita ao Brasil do presidente Roque Sáenz Peña, em 1910, que vislumbrou a união entre os dois países e nela acreditou. E nem mesmo se esqueceu o presidente Sarney de repetir a frase célebre do presidente Sáenz Peña, tão útil, 75 anos depois, ao espírito da ocasião.

Assim, a evocação dos presidentes Tancredo Neves e Roque Sáenz Peña, aqui representando dois grandes homens, não só foi um argumento de autoridade em favor da proposta de integração, mas também um tom discursivo de reverberado efeito de sentido. Salientamos nessa fala a referência ao passado para resgatar, e reverenciar, a memória de dois presidentes que estavam voltados para o futuro, com o objetivo de invocar a tradição na esperança de sua continuidade, ou daquilo que estava sendo apresentado como sua continuidade. De outro modo, isso nos mostra o quanto começava, desde então, a pesar a construção discursiva naquele momento crucial das relações externas brasileiras.

O passado foi aí utilizado para expor uma representação do futuro e sugerir um porvir fabuloso, ao projetar a imagem da integração entre Brasil e Argentina. A utilização da sugestão em vez da persuasão no discurso político é, na perspectiva de Barthes, uma característica do mito que, na sua teoria, é percebido como uma forma de mistificação, já que, de acordo com a sua argumentação, o mito não esconde nada: tem como função deformar, "não fazer desaparecer".[63] Percebe-se, nesse momento, uma situação crucial: efetivamente, as perspectivas assinaladas pelo discurso de Sarney poderiam ser concretizadas em favor das duas nações; mas, pela sua carga simbólica, pela tentação idealizadora nele contida, bem poderia redundar num falseamento mitológico, quando surgissem impasses, contradições e os óbices naturais do projeto.

A propósito do encontro dos presidentes Sarney e Alfonsín, a cientista política Mônica Hirst considerou, na época, que Brasil e Argentina estavam diante de uma "verdadeira sintonia política". Entretanto, ela não deixava de fazer alguns reparos importantes. Ainda por ocasião das tradicionais viagens ao estrangeiro que os presidentes eleitos realizam antes da posse, Tancredo Neves visitou Buenos Aires. Hirst via a visita como um impulso novo em favor do relacionamento entre os dois países, mas que, com efeito, provocou frustração no presidente Raúl Alfonsín. De acordo com as observações da pesquisadora, Tancredo Neves retornava dos Estados Unidos, onde percebeu que qualquer estratégia de radicalização quanto à questão da dívida externa seria prejudicial para as futuras negociações da dívida externa do Brasil e, ao chegar a Buenos Aires, não fez nenhuma proposta concreta ao presidente argentino. Assim, o tom reticente da visita frustrou o presidente Alfonsín, que estava na expectativa de que sua relação com o novo governo democrático do Brasil teria repercussões imediatas sobre o projeto argentino de articulação latino-americana em relação à questão da dívida.[64] Hirst considerava, portanto, uma ironia dar-se à ponte o nome "Tancredo Neves".

No trecho citado, o presidente José Sarney realçou a irmandade, a natural associação entre os povos do Cone Sul, anunciando a criação de um espaço comum. Esta colocação veio a se repetir no marco dos acordos de integração nos discursos políticos dos

---

[63] Barthes, 1989:143.
[64] Hirst, Mônica. "Brasil e Argentina: 'sintonia política'". *Jornal do Brasil*, 29 nov. 1985. *Boletim Cedep/UFRGS*, 1985.

governos dos presidentes Collor de Mello e Itamar Franco, que endossaram esse ato deflagrador de Sarney, incorporando também um tanto da essência discursiva original.

Observamos também que, nesse enunciado, a ponte Tancredo Neves tinha um significado simbólico porque se presumia que, a partir desse fato, haveria mudança numa situação tradicional, isto é, seria possível o desenvolvimento de novas alianças, a resolução de velhos conflitos, o surgimento de novas identidades e objetivos comuns. O simbolismo da ponte, além de representar a ligação, a união entre Brasil e Argentina, representaria a aspiração dos dois povos, endossada pelo poder público.

Além das promessas e declarações conjuntas sobre diferentes temas, a única proposta concreta que emergiu desse encontro foi um acordo, assinado pelos chanceleres do Brasil e da Argentina, para oficializar o intercâmbio entre cientistas e empresas dos dois países no campo da biotecnologia.[65]

Entretanto, mais adiante, outros acordos de cooperação foram firmados, como a criação de um grupo binacional de pesquisa em tecnologia de ponta, na área de informática.[66] Ambos os governos decidiram também ampliar os acordos de cooperação na área de transporte fluvial,[67] assim como projetos vinculados à integração do setor energético dos dois países, em particular a construção do gasoduto e de represas hidrelétricas sobre o rio Uruguai.[68]

Deve-se fazer, nessa altura, um registro especial. Ainda que o Itamarati tenha voltado a desempenhar papel relevante na formulação da política externa, cabe destacar a diplomacia presidencial de José Sarney, que deu início, com os presidentes Raúl Alfonsín e José Maria Sanguinetti, a um novo estilo de atuação no continente, fato da maior importância naquele momento de reencontro com a democracia, embora cada qual se mantivesse atento às repercussões de seus atos de aproximação internacional sobre os quadros políticos nacionais.

Em 30 de novembro de 1985, como resultado de um processo real de integração econômica no Cone Sul, impulsionado pela vontade política e determinação em aprofundar e consolidar a relativa complementaridade já existente entre as duas economias, foi firmada pelos presidentes dos dois países a Ata de Iguaçu, criando uma Comissão Mista de Alto Nível para Cooperação e Integração Econômica Bilateral. Foram ainda assinadas a Declaração Conjunta sobre Política Nuclear e a Declaração de Iguaçu.[69]

Na nossa percepção, o acordo nuclear também tem sentido simbólico na construção do Mercosul, pois a cooperação nuclear entre Brasil e Argentina era o principal fator de influência sobre a sorte do processo de aproximação entre os dois países, devido à importância desta questão no que diz respeito aos interesses estratégicos e à segurança de cada um, fato tão agudamente explorado como fator de desconfiança mútua durante

---

[65] "Único acordo é sobre tecnologia". *Jornal do Brasil*, 1 dez. 1985.
[66] "Informática terá pesquisa com grupo argentino". *Folha de S. Paulo*, 24 fev. 1986.
[67] "Ampliarán acuerdos de cooperación con Brasil". *La Nación*, 18 abr. 1986.
[68] "Se desconecen los beneficios. Argentina entregará a Brasil 10 millones de m^3 de gas". *Clarín*, 21 jun. 1986. "Gasoduto Brasil-Argentina é viável, concluem gaúchos". *Gazeta Mercantil*, 29-31 ago. 1987. p. 14.
[69] A íntegra do documento foi publicada na *Folha de S. Paulo*: América Latina precisa reforçar seu poder de negociação. 1 dez. 1985. *Boletim Cedep/UFRGS*, 1985.

a ditadura militar em ambos os países.⁷⁰ Caminhava-se, nessa altura, para além da distensão, ou melhor, fazia-se dela um fator de impulsão para a cooperação plena.

Os presidentes Sarney e Alfonsín, através dos acordos de integração, procuraram uma saída democrática para a crise com que se defrontavam, e optaram por buscar um crescimento simultâneo e abrangente para os dois países, de forma extremamente cautelosa, como bem registra a Ata de Integração referente à reunião ocorrida em Buenos Aires, em julho de 1986:

> O Programa será gradual, em fases anuais de definição, negociação, execução e avaliação (...)
>
> O Programa será equilibrado, no sentido de que não deve induzir uma especialização das economias em setores específicos (...)
>
> O Programa propiciará a modernização tecnológica e maior eficiência na alocação de recursos nas duas economias.

Percebe-se, neste trecho, uma abordagem realista do projeto de integração regional, buscando o desenvolvimento produtivo para ambas as economias. Trata-se de uma visão pragmática que tinha o objetivo de permitir que o projeto integracionista passasse do campo teórico para a prática, aproveitando o contexto econômico da região, de acordo com a realidade dos negócios e em sintonia com as necessidades de cada país.⁷¹

É interessante assinalar que, no início do processo integracionista do Cone Sul, as políticas acordadas no âmbito do Mercosul resultaram, na maior parte dos casos, de decisões tomadas nas esferas do Executivo, sem que o Congresso e os partidos tivessem papel decisivo. Por isso, o nosso interlocutor para o Mercosul foi o Executivo, foram os governos do Brasil e da Argentina que decidiram formalizar a integração do Cone Sul. Nesses primeiros passos para a concretização do processo integracionista, tratou-se de questões econômicas através da tomada política de decisões.

Os acordos que os presidentes Alfonsín e Sarney firmaram em 1985 foram um antecedente necessário do Mercosul, e constituíram-se num marco fundamental na relação bilateral entre Brasil e Argentina, sem o qual não teria sido possível, cinco anos depois, assinar o Tratado de Assunção.

Ao comparecer pessoalmente para abrir, em 1985, o debate geral da quadragésima sessão correspondente ao ano em que a ONU comemorava o seu quadragésimo aniversário, o presidente Sarney o fez representando um país livre de constrangimento, em razão do retorno do governo civil e da reafirmação da democracia.⁷² Justamente nessa época verificava-se o acirramento da crise do multilateralismo, em razão principalmente de os Estados Unidos e os países desenvolvidos ocidentais não aceitarem os processos decisórios dos organismos multilaterais. Foi precisamente nesse cenário de cri-

---

[70] Entre Brasil e Argentina, cooperação nuclear é chave. Relatório Reservado, de 28 jul. a 4-8-1986, p. 6. *Boletim Cedep/UFRGS*, 1986.
[71] Barbosa, Rubens A. "A inserção externa brasileira e a América Latina". *Folha de S. Paulo*, 13 jul. 1989. p. A-3. *Boletim Cedep/UFRGS*, n. 10, 1989.
[72] Bueno, 1994a:121.

se que o presidente brasileiro pediu um programa para revitalizar a ONU, no sentido de trabalhar a favor da superação de tensões, do encaminhamento de soluções de conflitos regionais no Terceiro Mundo, de um reordenamento da ordem econômica internacional, a fim de contribuir para a solução dos problemas dos países atrasados, principalmente no tocante à dívida externa.

Nessa quadragésima sessão na ONU, o presidente Sarney pronunciou um discurso intitulado "O sentimento do mundo", no qual afirmou que o Brasil se encontrava reconciliado com a democracia e, num apelo ao legado de Tancredo Neves, ressaltou que o Brasil era um país democrata, portanto, mais apto para o encaminhamento de soluções no plano internacional, e merecedor de um lugar no cenário internacional:

> Não pregaremos ao mundo o que não falarmos dentro de nossa fronteira. Estamos reconciliados. A nossa força passou a ser a coerência. Nosso discurso interno é igual ao nosso chamamento internacional. Desejamos agora revigorar, com redobrada afirmação, nossa presença no debate das nações.[73]

Clara está, nesta fala, a vinculação entre política interna e política externa, ligação esta renovada pelo retorno à ordem democrática, pela abertura econômica, e pela crise do Estado e do modelo de industrialização protegida. Vê-se que o retorno à ordem política legal continua sendo um recurso discursivo recorrente, sem deixar também de ser uma espécie de moeda de troca no mercado das trocas simbólicas, no plano das relações internacionais brasileiras.

Coerente com essa vertente de maior presença do Brasil no cenário internacional, Sarney comunicou, nesse mesmo discurso à Assembléia Geral, a decisão brasileira de aderir aos pactos internacionais das Nações Unidas sobre direitos civis e políticos, à convenção sobre tortura e outros tratamentos ou penas cruéis, desumanas ou degradantes, e sobre direitos econômicos, sociais e culturais, o que significou a representação de interesses coletivos no plano mundial, sem deixar de ser uma extensão da "normalidade" interna brasileira.

Ao referir-se à política externa brasileira, o presidente recuperou a prioridade latino-americana e ressaltou enfaticamente o retorno da democracia no continente, apesar das dificuldades internas e externas:

> É natural que minha primeira abordagem seja a América Latina, cujo esforço extraordinário de criar uma ordem democrática é o mais surpreendente e comovedor fato político ocorrido nestes últimos anos, e que passa indiferente aos olhos descuidados do centro do poder mundial.[74]

Outro ponto que chamou atenção no discurso presidencial foi o referente ao endividamento externo dos países em desenvolvimento, que, segundo o governo brasileiro, deveria ter tratamento político com vistas a não torná-lo obstáculo ao desenvolvimento econômico e social.

Apesar de explicitar posições já estabelecidas sobre uma série de temas, o discurso foi inovador na referência positiva à problemática dos direitos humanos, na análise da si-

---

[73] *A palavra do Brasil...* cit. p. 439.
[74] Ibid. p. 440.

tuação centro-americana com ênfase na participação do Brasil no processo de Contadora, na menção expressa à adesão do Brasil ao Tratado de Tlatelolco, e na prioridade da questão da dívida externa, defendendo um tratamento político para o tema. Entretanto, as circunstâncias do país levariam, mais adiante, à moratória decretada em 1987.[75]
Prossegue Sarney:

> É imperioso, do ponto de vista latino-americano, que a crise do endividamento seja negociada em sua dimensão política. Agora, como há quarenta anos, é preciso que os Governos dos países credores conscientizem-se da ocorrência de uma situação excepcional, cuja solução transcende a simples ação das forças econômicas.[76]

Essa reivindicação de um tratamento político para o problema da dívida externa, reclamado na ONU, era praticamente uma representação, um teatro, um blefe, porque a condução desse assunto, no Brasil, estava a cargo dos economistas do Ministério da Fazenda e do Banco Central, encontrando-se o Congresso e o Ministério das Relações Exteriores afastados das negociações.[77]

A prioridade latino-americana que frutificou no processo integracionista do Cone Sul deveu-se ao fato de que as relações com a Argentina já haviam passado por um período de intensificação, a partir da solução dada à compatibilização Itaipu-Corpus no governo Figueiredo, e da qual foi até certo ponto corolário o apoio brasileiro à Argentina na questão das Malvinas, de abril de 1982 em diante.

Somente a coincidência de regimes civis, porém, propiciaria as condições para que fatores de competição e rivalidade próprios de uma secular e complexa convivência fossem suplantados por impulsos crescentes e bem fundamentados de associação. Destacando a importância dessa aproximação entre os dois países, o historiador e cientista político Moniz Bandeira ressaltou que o acordo de integração Brasil-Argentina foi o passo mais importante da política externa brasileira desde a Operação Pan-Americana,[78] lançada por Juscelino Kubitscheck, e o reatamento diplomático e comercial com os países do Leste europeu. Na sua percepção, o acordo teria repercussões incalculáveis, principalmente em relação à dívida externa, à condução de questões na ONU, como o estabelecimento de uma zona de paz no Atlântico Sul, e à implementação de uma nova ordem econômica internacional, na medida em que Brasil e Argentina — e, no futuro, os outros países latino-americanos — passassem a fazer um comércio com exclusão do dólar.[79]

Nesse sentido, em fevereiro de 1986, foi proposta a introdução de uma nova moeda — Unidade Monetária Latino-Americana (UMLA) —, que possibilitaria uma independência maior da América Latina com relação à liquidez de dólares.[80] Essa idéia de uma

---

[75] Sobre a moratória, ver: "O pronunciamento do Presidente". *O Estado de S. Paulo*, 21 fev. 1987. p. 21.
[76] *A palavra do Brasil...* cit. p. 446.
[77] Ver Cervo (1994b:49).
[78] Sobre a Operação Pan-Americana, ver Duarte (2000).
[79] "Desde JK, a integração foi o passo mais importante". *Jornal do Brasil*, 3 ago. 1986. p. 30. *Boletim Cedep/UFRGS*, 1986.
[80] "Brasil quer moeda para comércio na América Latina". *Folha de S. Paulo*, 16 abr. 1986.

moeda, que poderia ser aceita na América do Sul em substituição ao dólar, retornou em fevereiro de 1987, também a partir de uma proposta do governo brasileiro, a de criar uma moeda latino-americana para ser usada no comércio entre todos os países sul-americanos.[81]

Referindo-se aos mais de 30 protocolos assinados em 1986, pelos presidentes Sarney e Alfonsín, Hélio Jaguaribe ressaltou a importância do fato, dizendo que, naquele momento, a "tão decantada amizade argentino-brasileira saiu do plano retórico para o da efetividade", além de assinalar que predominou nos atos acordados a "decisiva superação da cooperação sobre a tônica de rivalidade, tantas vezes prevalecente em nosso passado". Jaguaribe destacou a "singular relevância histórica dos convênios" porque através deles se "logrou o grande acordo entre Brasil e Argentina que não somente instaura, definitivamente, uma estreita cooperação entre os dois países mas que, ademais, está aberto à gradual incorporação de outras nações latino-americanas e se caracteriza por seu amplo sentido prospectivo".[82]

Certamente o governo Sarney foi um marco na política real entre Brasil e Argentina, iniciada com o presidente Figueiredo. Entretanto, vários fatores contribuíram para aprofundar as relações bilaterais. Além da empatia entre Sarney e Alfonsín, destacam-se o retorno à democracia, a abertura das economias e as garantias recíprocas com relação aos objetivos pacíficos dos programas nucleares dos dois países.[83]

Esses acordos conduziram, em 1988, ao tratado que estabeleceu o mercado comum Brasil-Argentina e, em 1990, ao Tratado de Assunção, que constituiu o Mercosul.

Os passos dados pelo Brasil e pela Argentina com vistas à integração foram anunciados pelo chanceler Abreu Sodré, em seu discurso perante a quadragésima primeira sessão ordinária da Assembléia Geral da ONU:

> Na América Latina, em particular, o atraso econômico e tecnológico está acicatando a consciência dos povos.
>
> No Brasil, estamos firmemente, irreversivelmente comprometidos com a causa da integração econômica da América Latina. Há muito que essa integração tem sido exigida, mas nunca antes como agora criaram-se as condições adequadas para o surgimento de uma autêntica vontade política para aprofundá-la.
>
> A integração abre horizontes para a formação de um espaço comum latino-americano, capaz de favorecer o desenvolvimento dos países da região e fortalecê-los frente às adversidades da conjuntura econômica internacional.
>
> O Brasil, junto com a Argentina e o Uruguai, deu recentemente passos relevantes no sentido dessa integração, através de acordos que traduzem, de modo inequívoco, a decisão madura e inteligente de povos definitivamente convencidos das vantagens de sua união. Decisão ambiciosa mas também realista, em que a fé renovada na convergência de nossos destinos se associa à consciência plena das dificuldades que a inte-

---

[81] "Brasil quer criar moeda comum latino-americana para o comércio". *Jornal do Brasil*, 26 fev. 1987.
[82] Jaguaribe, Hélio. "Cooperar por um futuro comum, grande e próximo". *Jornal do Brasil*, 3 ago. 1986. p. 30. *Boletim Cedep/UFRGS*, 1986.
[83] Ver Ferrer (2000:5).

gração pode suscitar. Não recuaremos, no entanto, diante desse desafio histórico, que sabemos grande, mas cuja grandeza dá a medida de nossa disposição comum de cooperação e de progresso — nossa aspiração fraternal de crescer juntos. [84]

Neste trecho da fala, nota-se que os acordos de integração criaram uma expectativa positiva no governo, quanto ao retorno ao desenvolvimento do país e também quanto a sua inserção internacional. Vislumbra-se aí que os países-membros estavam predispostos a partilhar um projeto político de convergência na visão de mundo e nas relações externas.[85] Ressalta-se, também, a orientação realista da integração, com o destaque que o ministro Abreu Sodré empresta aos problemas que certamente surgiriam, ao associar o processo integracionista a um "desafio histórico". Essa nova situação foi enfatizada no discurso na ONU porque o Mercosul não podia ser imaginado fora do contexto da globalização, determinada por fatores econômicos, conforme a direção que os países mais desenvolvidos imprimiam ao processo de sistematização internacional.

Discursando após a assinatura dos atos referentes ao acordo de comércio baseado no Programa de Expansão Comercial (PEC), o presidente Sanguinetti, do Uruguai, afirmou que "Brasil, Argentina e Uruguai estão vivendo um grande momento internacional" e lembrou que "as grandes potências estão observando todos os nossos passos". Na sua percepção, o processo de integração era real, baseado em produtos concretos e não em possibilidades teóricas. Esta também era a percepção do presidente José Sarney, que enfatizou o fato de se estar passando das palavras aos atos "e mais uma vez condenou o protecionismo das nações industrializadas, com suas indústrias obsoletas e um sistema produtivo altamente subsidiado, lembrando a necessidade de uma nova ordem econômica internacional".[86]

Entretanto, é conveniente assinalar que, para esse processo integracionista obter êxito, teriam de ser observadas algumas condições, como uma política de preços uniforme e a manutenção de taxas de inflação equilibradas.

As conseqüências da moratória unilateral decretada pelo governo colocaram em questão o futuro das relações do Brasil com seus principais parceiros, pois a suspensão dos pagamentos da dívida constituiu decisão que alterou significativamente os padrões do relacionamento externo do país.

Voltando-se, então, o país para o seu entorno geográfico, na esfera regional, o processo de integração com a Argentina assumiu caráter definitivo em 1987, mediante entendimentos na área da política nuclear. A partir da visita feita pelo presidente Sarney, em julho de 1987, às instalações nucleares secretas da Argentina, ambos os países abriram reciprocamente os seus programas nucleares.[87]

Esse fato foi um marco no processo de integração do Cone Sul e mereceu um pronunciamento muito sugestivo do presidente Sarney, vislumbrando um favorável porvir num relacionamento promissor com a Argentina:

---

[84] *A palavra do Brasil...* cit. p. 462-463.
[85] Ferrer, 2000:7-8.
[86] "Processo de integração econômica já começou, afirma Sanguinetti". *Gazeta Mercantil*, 14 ago. 1986. Boletim *Cedep/UFRGS*, 1986.
[87] *A palavra do Brasil...* cit. p. 471

É a primeira vez no mundo que um chefe de Estado, convidado por outro chefe de Estado, vem visitar uma usina de enriquecimento de urânio, que por natureza é uma instalação secreta. Este gesto demonstra o nível das relações existentes entre o Brasil e a Argentina e a visão de construir o futuro do presidente Alfonsín.[88]

Na voz do ministro Abreu Sodré, a cooperação na área científico-militar entre Brasil e Argentina foi levada à ONU, mostrando-se ao mundo a importância desse momento para os dois países, fator de relevância na construção do processo de integração do Cone Sul. Encontra-se também, nessa fala, a sugestão de um futuro radioso para a integração do continente latino-americano como um todo:

> As iniciativas de colaboração que vêm sendo implementadas entre Brasil e Argentina, em particular, irão assegurar o domínio do ciclo nuclear sem o desenvolvimento de armas atômicas em nosso continente. Esse propósito comum ficou realçado em troca de correspondência entre os Presidentes José Sarney e Raúl Alfonsín por ocasião do anúncio público do domínio brasileiro da tecnologia do enriquecimento de urânio.
>
> (...)
>
> Reafirmo, perante este foro mundial, a importância que meu país confere aos acordos de integração e cooperação econômica concluídos a partir do ano passado com a Argentina e o Uruguai. São instrumentos de significado verdadeiramente histórico, que testemunham nossa determinação fraternal de crescer juntos, fortalecer nossas instituições democráticas e contribuir para o êxito do empreendimento maior — hoje mais próximo do que ontem — da integração latino-americana.
>
> (...)
>
> A América Latina, com os recentes esforços de integração econômica e coordenação política, dá mostra de uma participação mais ativa e profícua nos negócios internacionais, reafirmando sua identidade e seus ideais soberanos.[89]

O movimento em direção à integração econômica foi implementado com ações concretas. Em julho de 1986, os presidentes do Brasil e da Argentina firmaram, em Buenos Aires, a Ata para a Integração Argentino-Brasileira, ponto de partida jurídico do Programa de Integração e Cooperação Econômica (Pice). Deve-se assinalar que se concentraram, nesse fato, valores eufóricos e disfóricos, patentes nos fragmentos discursivos registrados em editoriais de jornais da época.

O presidente Sarney comentou esse novo patamar de entendimento entre Brasil e Argentina, voltando a um tema discursivo recorrente: "Estamos vivendo o melhor momento de nossa relação e isso se deve sobretudo à coincidência muito feliz de que em ambos, e quase ao mesmo tempo, foi restaurada a democracia."[90]

A cooperação entre Brasil e Argentina, assim posta naquele momento, não deixou de mostrar alguma discrepância. Um jornal de grande circulação entre os empresários

---

[88] *Clarín*, 18 jul. 1987.
[89] *A palavra do Brasil...* cit. p. 478-480.
[90] *La Nación*, 27 jul. 1986.

registrou como título em seu editorial: "Resistência empresarial existente em relação a acordos com o Brasil".[91]

Da mesma forma, a Confederação do Trabalho da Argentina mostrou-se desconfiada e resistente, chamando atenção para os problemas sociais que a integração poderia ocasionar:

> Não basta imitar servilmente modelos aplicáveis a outras realidades, como a do Mercado Comum Europeu, sem considerar que nas nações que o integram o desemprego chegou a se converter num flagelo quase crônico, que as economias complementares não remedeiam e que se transformam num motivo de constante instabilidade social.[92]

Numa perspectiva otimista, destacam-se as chamadas de matérias na imprensa de grande circulação: "Complementação trará benefícios para todos", "Rumo à integração continental",[93] "Ya se están concretando importantes negocios entre grandes empresarios".[94]

Os vários protocolos assinados em 1986 conduziram, em 1988, ao Tratado de Integração, Cooperação e Desenvolvimento, no qual já se formulava claramente o objetivo de estabelecer de modo gradual um espaço econômico comum, "baseado na reciprocidade e no equilíbrio das vantagens". O documento previa duas etapas: a primeira, orientada para "a remoção de todos os obstáculos tarifários e não-tarifários ao comércio de bens e serviços num prazo máximo de dez anos"; na segunda, buscar-se-ia "a harmonização das demais políticas necessárias para a conformação de um mercado comum".

Nesse cenário, a participação dos empresários foi fundamental para viabilizar o quadro institucional estabelecido pelos governos.[95] Este tratado significou um importante salto qualitativo na marcha do processo de integração e conduziu, em 1990, ao Tratado de Assunção, que constituiu o Mercosul.

Mas a integração não foi um processo linear e, à medida que ela avançou, os problemas e os conflitos emergiram. Algumas das dificuldades desse percurso concentraram-se nas variações nas taxas de crescimento econômico no Brasil e na Argentina; nas eventuais divergências sobre a participação de afiliadas de empresas multinacionais nos acordos, porque isso poderia afetar as políticas nacionais dos dois países quanto a capital estrangeiro e reserva de mercado; no possível desequilíbrio nas trocas comerciais, devido ao baixo nível de eficiência da indústria argentina em relação ao Brasil.

Além disso, pelo menos no curto prazo, a integração foi resultado de uma configuração específica de presidentes, ministros, ou melhor, da elite no poder nos três países.[96] Entretanto, para o seu desenvolvimento, o processo teve de incorporar outros atores, nem sempre a favor da integração, mas que trouxeram para o debate as suas con-

---

[91] *Ámbito Financiero*, 24 jul. 1986.
[92] *La Nación*, 30 jul. 1986.
[93] *Zero Hora*, 20 jul. 1986 e 30 jul. 1986. p. 2. *Boletim Cedep/UFRGS*, n. 1, set. 1986.
[94] *Informaciones*, 30 jul. 1986. p. 4. *Boletim Cedep/UFRGS*, n. 1, set. 1986.
[95] Barbosa, Rubens A. "Integração da América Latina, papel da ALADI e os empresários". *Gazeta Mercantil*, 10 maio 1989. p. 4. *Boletim Cedep/UFRGS*, n. 7, 1989.
[96] Bittencourt, Getúlio. "Maior auto-suficiência do Brasil pode afetar integração com Argentina". *Gazeta Mercantil*, 3 maio 1989. p. 5. *Boletim Cedep/UFRGS*, n. 10, 1989.

tribuições, na forma de reivindicações e conflitos, permitindo, assim, o aprofundamento do processo integracionista.

Analisando o panorama internacional, Samuel Pinheiro Guimarães alertou para os seguintes fatos que sobressaíam na época: as economias estavam se organizando em blocos; as transformações dos processos produtivos ocorriam com o progresso científico e tecnológico; o FMI e o Bird eram incapazes de corrigir as políticas econômicas dos países altamente desenvolvidos; os Estados Unidos acirravam a sua política comercial para conter o déficit. Na sua percepção, esses fatores influenciavam as economias internas do Brasil e da Argentina e, também, a estratégia de integração bilateral. Restava, então, aos dois países as seguintes opções: a inserção como fator individual no sistema internacional; a inserção em um dos grandes blocos econômicos em processo de formação; e a participação em um bloco específico na América do Sul.[97]

Em 1988, ao se dirigir à 43ª sessão ordinária da Assembléia Geral da ONU, o ministro Abreu Sodré ressaltou a persistência na falta de progresso nas relações econômicas internacionais e a permanência do distanciamento entre os mundos desenvolvido e em desenvolvimento. As críticas aos Estados Unidos continuavam a se fazer sentir no discurso brasileiro: condenava-se a tendência ao unilateralismo como fator de ordenamento internacional, ao mesmo tempo que se rejeitavam as perspectivas de "bilateralismo excludente" ou "multilateralismo seletivo", termos mediante os quais a diplomacia brasileira, coerente com o seu discurso histórico, qualificava então as tendências ao dirigismo das grandes potências.[98]

Ressaltando as conquistas, no campo político interno, do governo Sarney, com o restabelecimento das eleições diretas para presidente e a aprovação, em 1988, de uma nova constituição de feição democrática, que protegia amplamente os direitos individuais e políticos e singularizava nossas relações com a América Latina, o ministro Abreu Sodré prosseguiu o seu pronunciamento:

> Os representantes do povo brasileiro, ao darem expressão constitucional às exigências e preocupações centrais de nossa própria sociedade, deliberaram em perfeita consonância com os anseios da comunidade internacional. Recolheram a aspiração maior de nosso continente, ao inscreverem a integração da América Latina entre os mandamentos da nova Carta.[99]

Na quadragésima quarta sessão ordinária da Assembléia Geral da ONU, o presidente Sarney retornou aos temas democracia e integração, associando-os à idéia de modernidade: "Democracia e integração, eis o nosso objetivo de modernidade. Dessa causa tornei-me um andarilho. Vivi profundamente essa paixão. Esse binômio é a marca da América Latina."[100]

---

[97] Tachinardi, Maria Helena. "As opções do Brasil e Argentina". *Gazeta Mercantil*, 21 maio 1989. p. 3; Lima, Paulo Silveira. "Itamaraty teme que integração aumente protecionismo". *Folha de S. Paulo*, 11 maio 1989. p. H-3. *Boletim Cedep/UFRGS*, n. 7 e 10, 1989.
[98] *A palavra do Brasil...* cit. p. 482.
[99] Ibid., p. 485.
[100] Ibid. p. 497.

O conceito de modernidade do governo Sarney, ligado à democracia e à integração, contrapõe-se ao do governo Collor de Melo, no qual esse conceito se associava à abertura de mercados, com ênfase no aspecto comercial, enquanto o governo Sarney acentuou o aspecto político e associativo.

Na apresentação na ONU, o governo brasileiro destacava que a integração latino-americana era política de Estado no Brasil e estava consagrada na sua Constituição. Foi nesse contexto que o Brasil idealizou o Mercosul, amparado na Constituição Federal de 1988, que em seu art. 4º, parágrafo único, estabelece que:

> A República Federativa do Brasil buscará a integração econômica, política, social e cultural dos povos da América Latina, visando à formação de uma comunidade latino-americana de nações.

É profundamente significativo que, no momento em que o Brasil se voltava para a formulação de uma nova Carta Constitucional, esta vinha contribuir por si mesma para que se alcançasse o objetivo da integração regional, mostrando assim uma sintonia entre o governo e o Congresso constitucionalista, vislumbrando-se o reconhecimento nacional do acerto da política externa do governo Sarney.

A ênfase na identidade latino-americana produziu resultados claros, embora parciais, em nossos envolvimentos multilaterais, assim como em nossas relações bilaterais. Neste último caso, a recuperação da identidade latino-americana no quadro de uma institucionalidade democrática permitiu, por exemplo, uma ampla superação de recriminações mútuas entre Brasil e Argentina e uma ativa busca de convergência de posições para a solução dos problemas hemisféricos e internacionais.

Na crise da América Central e do Caribe, o Brasil assumiu posição mais clara, embora não totalmente eficaz. Na questão da América Central, o governo brasileiro, no decorrer de 1985, além de condenar o bloqueio americano à Nicarágua, passou a integrar o Grupo de Apoio a Contadora, juntamente com Argentina, Peru e Uruguai, o que colocou a maioria dos países latino-americanos na linha da solução negociada e do respeito à autodeterminação e não-intervenção na América Central.

Considerações finais

A partir da reflexão crítica da política externa brasileira, através dos discursos políticos da época, observamos que o Brasil procurou exercer o seu interesse nacional ao buscar a efetivação do projeto integracionista no Cone Sul. Nesse período, houve a necessidade de implementar políticas de integração como forma de enfrentar as modificações das estruturas internacionais. Mas é igualmente possível vislumbrar a integração como uma forma de rejeição e oposição à política internacional dos Estados Unidos.

A integração do Cone Sul foi uma estratégia política fundamental para aumentar o poder de barganha nas negociações multilaterais de natureza econômica, sem deixar, também, de ser um instrumento de ação para os processos de racionalização produtiva e de modernização tecnológica.[101]

---

[101] Almeida, 1993a:76.

Observa-se que a mudança de regime político militar e autoritário para o de normalidade constitucional acelerou o projeto integracionista, que, por sua vez, deveria contribuir para a estratégia do desenvolvimento interno do país, arregimentando forças coibidas no regime anterior.

Em síntese, a concretização do processo de integração do Cone Sul, que serviria de plataforma para redefinir as bases das relações no plano regional, procurou contemplar uma proposta interna de desenvolvimento nacional, e um projeto externo de inserção na cena internacional, já num quadro mundial modificado pela superação da confrontação Leste-Oeste, pela emergência de blocos econômicos, pela gradual afirmação do liberalismo econômico e da democracia, como valores fundamentais da ordem internacional emergente.[102]

Além disso, configurou um momento histórico em que a evolução dos contatos entre Brasil e Argentina estava na raiz desses desdobramentos positivos na América Latina. A relação com a Argentina foi elevada a um novo patamar, de caráter privilegiado, e talvez com poucos exemplos paralelos no cenário internacional da época.

Esse novo padrão de relacionamento com a América Latina ligou-se a outra evolução marcante da diplomacia brasileira: a prioridade ao fortalecimento do sistema de comércio internacional baseado em regras multilaterais passou a ter, nas iniciativas de integração regional, sua complementação natural.

A nossa análise dos primeiros passos do processo integracionista do Cone Sul indica que o governo Sarney o orientou de forma realista. Ele soube aproveitar as possibilidades do quadro político interno e externo que se apresentavam, mas não logrou definir um novo paradigma de desenvolvimento capaz de orientar o sentido de sua política externa.[103] Entretanto, ele não foi mais bem-sucedido, provavelmente, por causa da inflação e do quadro internacional adverso, em virtude de não ter logrado interessar os países dominantes nas ações integracionistas do Brasil na América Latina, naquele momento.

Assim, as duas heranças do governo Sarney, a economia deteriorada e as relações sem avanço nenhum com os países hegemônicos, que desprezavam verdadeiramente o Brasil, foram um fardo pesado para os governos seguintes, de Collor de Mello e de Itamar Franco, e certamente influenciaram as orientações que estes deram ao processo integracionista do Cone Sul. A colheita de impasses, de decepções e fracassos na economia interna, que chegou a passar dos 1.000% de inflação ao fim do governo Sarney, com a carga política inerente, não deixou de sugerir que, a despeito das ações concretas de integração internacional efetivamente promovidas, muito do desejado e planejado se limitou ao plano discursivo, acenando, a certa altura, para uma configuração mítica, quando se juntam as partes dos discursos. O principal que se destaca é a perfeição de uma ação externa frente à imperfeição de uma política interna de todo modo malconduzida.

De fato, a configuração mítica da integração do Cone Sul no imaginário político do governo de José Sarney aproxima-se da essência mítica descrita por Raoul Girardet: "imagem de harmonia, de equilíbrio e de fusão: a de uma sociedade una, indivisível, homogênea, para sempre protegida das perturbações e das discórdias".[104]

---

[102] Vaz, 1991:64.
[103] Ibid.
[104] Girardet, 1987:155-156.

Nos discursos políticos do período, percebemos uma narrativa na qual elementos de experiências vivenciadas pelo continente sul-americano encontram-se projetadas para o futuro, ao tempo bom que há de chegar, vislumbrando-se uma idéia de triunfo com a passagem de um tempo presente a outro que virá. A manipulação discursiva do tempo bem serve à manipulação do presente, provocando a sua deformação, por sua vez substituída por uma instauração, igualmente deformada. Ao que tudo indica, os primeiros passos do Brasil na direção da integração do Cone Sul, ainda no governo Sarney, o primeiro que se seguiu à normalização institucional, não deixaram de ganhar certa feição mítica.

CAPÍTULO 3

A aceleração frustrada do projeto integracionista do Cone Sul nos discursos políticos do governo de Collor de Mello[105]

Modernização e abertura

Para enfocar as orientações idealizadas da construção do Mercosul nos discursos políticos do governo Collor de Mello, devemos analisar, em primeiro lugar, as ênfases e as omissões, bem como as estratégias discursivas empregadas no esforço legitimador dessa tentativa de acelerar o projeto de integração do Cone Sul. Em segundo lugar, devemos realçar as tensões e ambigüidades da retórica discursiva do presidente, no contexto histórico, que conecta a aceleração do projeto integracionista do Cone Sul à convergência de circunstâncias político-econômicas internas e externas. Assim Collor de Mello diz de sua viagem ao estrangeiro, como presidente eleito:

> Embora devam ser vistos como um todo, os contatos que realizei no exterior ao longo das últimas semanas podem ser divididos em três etapas. Na primeira, viajei a três países vizinhos e amigos do Cone Sul. Mantive conversações francas e proveitosas com o presidente Carlos Menem, da Argentina; com o presidente Julio Maria Sanguinetti, e com o presidente eleito, Luis Alberto Lacalle, do Uruguai; e com o presidente Andrés Rodrigues, do Paraguai. Confirmei nesses encontros a densidade de nosso relacionamento com cada uma dessas nações, a afinidade entre nossos povos, e a naturalidade com que, a partir de tantos pontos de identificação, surge o sentimento de compartilharmos problemas e esperanças, de pertencermos a uma mesma família. Reafirmei o ideal de integração que há de ser a viga mestra da política latino-americana de meu governo. Entendo que a integração é passo necessário para a modernização de nossas economias e, portanto, condição para que a América Latina tenha um papel relevante neste momento de profundas transformações do cenário mundial.[106]

Observa-se que Collor de Mello arroga a si o papel de sujeito falante neste discurso, atribuindo aos presidentes da Argentina, do Uruguai e do Paraguai o papel de sujeitos participantes, porque são os representantes das nações que se vão unir em torno

---

[105] Fernando Affonso Collor de Mello foi presidente da República de 15-3-1990 a 30-9-1992.
[106] Discurso proferido por Collor de Mello, em Brasília, em 14-2-1990, relatando a sua viagem de 20 dias por 12 países, como presidente eleito. Levei ao mundo a minha visão do Brasil. *Gazeta Mercantil*, 15 fev. 1990. p. 10. *Boletim Cedep/UFRGS*, n. 7, fev. 1990.

do ideal de integração, por ele proposto, sugerindo ter sob controle do Brasil a iniciativa das propostas.

Ao ressaltar o seu encontro com os presidentes dos países do Cone Sul, Collor de Mello, presidente eleito, já se coloca como representante de uma nação, o Brasil, que aqui é retratada como uma potência regional que tem de assumir plenamente suas responsabilidades. Essas responsabilidades estão ligadas à grande prioridade do Brasil no tocante ao seu espaço político "natural", a América Latina, daí o destaque fundamental à retomada dos entendimentos com os presidentes da Argentina, do Uruguai e do Paraguai, visando intensificar o relacionamento brasileiro com os países do Cone Sul, um tanto prejudicado com o final melancólico do governo Sarney.

Collor de Mello emite a sua mensagem política na integração do Cone Sul, indicando que este será um tema relevante na agenda da política externa do país. O traço fundamental nesse trecho do discurso é a relação emocional que ele estabelece entre o conteúdo de sua mensagem política e a sociedade, ao enfatizar o relacionamento intenso e a afinidade prevalecente entre brasileiros, argentinos, uruguaios e paraguaios.

A esse respeito, Collor de Mello já indica a orientação mais idealizada que as anteriores, que doravante será dada ao projeto integracionista do Cone Sul, ao caracterizar como verdadeiro e profundo o relacionamento entre esses países, apresentando-o como denso, natural e idêntico em muitos pontos. Essa percepção não levava em conta um passado recente quando houve experiências integracionistas malsucedidas, da mesma forma que também desconsiderou uma tendência histórica do Brasil, qual seja, a de um país mais voltado para o Atlântico, de costas para a América do Sul.[107]

Ao utilizar a expressão "família", Collor de Mello naturaliza a união como uma inevitável tarefa que os governos devem implementar por ser uma união de vontades, precedente entre as ações dos governos. Analisando o papel da América Latina no mundo, o espaço integrado do Cone Sul emergia como um lugar de convergência de aspirações e esperanças, que impulsionaria a inserção do continente sul-americano no cenário internacional.

Sua pretensão de desenvolver sobre esta base uma cooperação, que se estenderia aos demais países latino-americanos, era por demais ambiciosa e idealizada porque dava a impressão de subestimar a magnitude do trabalho a realizar e dos desafios a enfrentar.

Nesse quadro e de acordo com abalizadas opiniões,[108] a ascensão de Collor de Mello à presidência provocou uma crise de paradigma da política exterior, pois foram questionadas as linhas gerais que orientaram o comportamento externo brasileiro durante muitos anos. Uma enorme conjunção de fatores internos e externos propiciou a superação das premissas vinculadas ao nacional-desenvolvimentismo, que já vinham perdendo seu dinamismo na década de 1980.

---

[107] Essa percepção, "de costas voltadas para a América", pode-se dizer que já se ouvia por ocasião da implantação da República, quando a política externa se voltou da Europa para os Estados Unidos. De quando em vez, a conjuntura histórica a atualiza. Tal ocorreu na I Guerra Mundial e, depois, às vésperas da II Guerra, sob a égide do pan-americanismo exacerbado, ela retornou com força, incluindo então a América do Sul. A última atualização é a da plenitude do interesse despertado pelo Cone Sul, em vista da efetividade de um mercado comum local.

[108] Ver Cervo (1994a:51-58), Lafer (1993), Batista (1993a), *A palavra do Brasil...* cit. p. 507-553.

Em um quadro marcado por tensões e desafios no cenário interno, observa-se o esgotamento do modelo de crescimento econômico, baseado na dinâmica da substituição de importações e, politicamente, o Brasil entra nos anos 1990 com uma confrontação entre um pensamento mais liberal e outro mais nacionalista, sobre os rumos da estratégia de desenvolvimento a ser adotada.

Ao iniciar-se o governo Collor de Mello, o Brasil apresentava-se com estagnação continuada, esgotamento das fontes de financiamento externo desde o fim do "milagre brasileiro", dívida externa crescente e de difícil negociação, inflação interna que dificultava o investimento de longo prazo em atividades produtivas de monta.

Entre os constrangimentos externos que traziam certas restrições para o projeto nacional de política exterior, destacavam-se: o fim da Guerra Fria, o advento da informática, a vitória da democracia pluralista, o avanço da globalização, o esvaziamento do eixo Norte-Sul que marcava o discurso da diplomacia brasileira, e os novos preceitos internacionais.[109]

Assim, a conjunção desses fatores, externos e internos, rompeu o consenso que existia, internamente, dentro das elites sobre o projeto de política exterior e condicionou o próprio comportamento externo do país.

Refletindo sobre essas questões, assim se pronunciou o presidente Collor de Mello, em importante conferência internacional:

> Ao assumir o governo, em 15 de março do ano passado, senti claramente que a ação externa do Brasil precisava adequar-se aos novos tempos.
>
> Vínhamos de décadas ao longo das quais a idéia de desenvolvimento esteve associada à busca de caminhos de progresso autárquico que levassem a uma menor densidade na relação econômica com o exterior.
>
> Essa percepção estava profundamente cristalizada entre nós, e ainda há setores que não compreendem que o progresso está cada vez mais associado a uma inserção intensa e diversificada no meio internacional.
>
> Tive, e continuo a ter de enfrentar, agora em menor escala, a resistência de dois tipos básicos de visão distorcida do conceito de desenvolvimento nacional: primeiro, o que insiste em ver o ambiente internacional como necessariamente hostil e perigoso; segundo, o que se vale do argumento do interesse nacional para reclamar proteção e subsídio para a ineficiência na área produtiva.
>
> Os governos, por si sós, não mudam as mentalidades, mas estou certo de que trabalhamos para convencer os mais variados setores de nossa sociedade da importância crescente das relações internacionais para a realização do projeto brasileiro de desenvolvimento.
>
> Se antes a palavra de ordem era a auto-suficiência, hoje o lema é "maior integração".[110]

---

[109] Palestra do embaixador Marcos Castrioto de Azambuja, no I Encontro Nacional de Comércio Exterior (Enaex). "Reestruturação da economia mundial para os anos 90". *O Estado de S. Paulo*, 16 out. 1990. Marinha Mercante. *Boletim Cedep/UFRGS*, n. 3, out. 1990.
[110] Conferência no Washington Exchange, durante visita aos Estados Unidos, 18 e 19-6-1991. *Resenha de Política Exterior do Brasil*, n. 68, p. 172-173.

Nesta fala, Collor de Mello apresentou aos Estados Unidos um balanço das mudanças que estava implementando no país, com destaque para os esforços que vinha empreendendo para aplicar as recomendações do Consenso de Washington.

Além de Collor de Mello, vislumbramos outros sujeitos nesse trecho do discurso: os empresários tradicionais que camuflam a ineficiência, confiando nos mecanismos de proteção e subsídios, e os diplomatas que precisam descobrir novos caminhos para inserir o Brasil no cenário internacional e integrar o país na América Latina. Estes sujeitos são participantes porque, ao serem mencionados, emprestam suas imagens para enriquecer a representação da tensão entre tradição e modernidade.

Discursando nos Estados Unidos, Collor de Mello apresentava a situação do país, que atravessava um momento crítico, e, na sua percepção, a realidade política do Brasil podia ser retratada em termos de modernidade *versus* atraso. Ele ressaltava, também, o seu esforço em mudar as mentalidades e as visões dos setores influentes da sociedade e enfatizava, de acordo com o seu perfil voluntarioso e a sua pretensa vocação heróica, que essa mudança de percepção seria empreendida por ele pessoalmente.

Sua mensagem apresentava-o como o líder que resolveria os problemas nacionais mais prementes, graças a sua coragem, determinação e clarividência. Colocando-se como o único ator capaz de promover mudanças, ele indicava tender para uma orientação idealizada da integração do Cone Sul, demonstrando o que parecia ser seu desconhecimento, ingenuidade ou falta de percepção dos cenários externo e interno, onde necessariamente atuaria.

Na sua visão idealizada de mundo, Collor de Mello provavelmente buscava maior aproximação com os Estados Unidos, o que traria maiores benefícios ao país que governava. Por isso aproveitou a oportunidade de discursar nos Estados Unidos para apresentar o "novo" perfil do Brasil, compatível com o receituário neoliberal do Consenso de Washington.

Ele iniciou o discurso com o anúncio de novos tempos e, num arroubo retórico, participou a mudança da política externa e econômica, destacando o embate entre isolacionismo e globalização que existia em determinados segmentos da sociedade. Collor de Mello ressaltou que lutava para impor a inovação política diante dos males tradicionais e dos interesses das elites, apresentando-se, então, disposto a enfrentar um desafio: o confronto entre o tradicional e o moderno, apelando ao esforço de mudança cultural e de mentalidade.

Coerente com a sua visão de mundo, em que os Estados Unidos eram considerados a potência hegemônica, ele afirmou desejar deixar de lado a concepção terceiromundista de confronto, procurando reforçar os laços com o Primeiro Mundo através de um relacionamento preferencial com as economias ocidentais avançadas.[111] Deveria ser o governo da consolidação democrática, melhor dizendo, como governo eleito pelo voto direto em quase 30 anos, isso lhe dava moral para ensejar mudanças de grande envergadura. Ele mostrava em seu discurso disposição para abrir a economia e tentar mudar a estratégia do desenvolvimento, agora brasileiro, sob a bandeira da integração. Nesse contexto, o Mercosul apresentava-se como instrumento adequado para a abertura da economia.

---

[111] Entrevista coletiva do ministro das Relações Exteriores Francisco Rezek. *Folha de S. Paulo*, 15 mar. 1990. Especial, p. 14. Boletim *Cedep/UFRGS*, n. 8, mar. 1990.

Observava-se, na época, uma preocupação quanto ao crescente isolamento da América Latina das grandes correntes de comércio, de investimentos e de acesso à geração de tecnologia, bem como quanto a sua marginalização das decisões políticas, financeiras, comerciais e tecnológicas.[112]

Outra vertente da preocupação do governo brasileiro era o processo de unificação da Europa, que previa o fechamento desse mercado para os países em desenvolvimento, bem como a ampliação do princípio de reciprocidade entre os países industrializados e a persistência do neoprotecionismo seletivo. Diante dos avanços para a unificação da Europa, restavam ao Brasil poucas opções: aumentar a competitividade, incentivar a formação de *joint-ventures*, desenvolver uma política de importação e formar, com seus vizinhos, um mercado comum latino-americano para competir com os grandes blocos econômicos: Estados Unidos/Canadá, Japão/países asiáticos e especialmente a Europa unificada.[113]

Referindo-se ao esforço do país e da América Latina para a inserção nesse cenário adverso, caracterizado pelos neoliberais na política e na economia, Collor de Mello mostrou-se favorável ao fim do processo de substituição de importações e da abertura das economias para o exterior. Ele criticou os países desenvolvidos, especialmente quanto à criação de megablocos econômicos no Hemisfério Norte que ameaçavam acentuar, ainda mais, a marginalização da América Latina.[114] De fato, o momento era de pressão sobre os países subdesenvolvidos, fazendo com que a sua margem de manobra interna se reduzisse e suas fronteiras se tornassem permeáveis ao exterior, e isso dava a Collor de Mello substância para seu substrato discursivo.

O teor dessa crítica repetiu-se em outro fórum, em agosto de 1990, quando, ao discursar para o plenário da Aladi, a ministra Zélia Cardoso de Melo sentenciava que "a marginalização da América Latina nas correntes de comércio e nos fluxos financeiros e de investimentos em escala mundial pode ser considerada a nossa ameaça externa".[115]

A solução mais conveniente encontrada para enfrentar esse desafio foi a de os países da América Latina constituírem o seu próprio bloco, inserindo-se aqui o Mercosul, que teve a sua implementação acelerada, provavelmente para tentar reverter essa situação adversa que também se manifestava nos países do Cone Sul.

No início da década de 1990, quando o cenário político e econômico internacional mostrava sinais de mudanças profundas, o presidente Collor de Mello, ao discursar perante a quadragésima quinta sessão da Assembléia Geral da ONU, ressaltava

---

[112] O embaixador Rubens Barbosa, representante brasileiro permanente na Aladi e presidente do comitê de representantes, assim se pronunciou ao presidir a primeira reunião do comitê, em 1990. "Situação marginal da ALADI preocupa Brasil". *O Estado de S. Paulo*, 1 fev. 1990. p. 9. *Boletim Cedep/UFRGS*, n. 6, jan.1990.
[113] "Unificação da Europa pode prejudicar o Brasil". *O Estado de S. Paulo*, 8 fev. 1990. p. 3. *Boletim Cedep/UFRGS*, n. 7, fev. 1990.
[114] Discurso de Collor de Mello na solenidade do Dia do Diplomata, em Brasília, em 25-5-1990. Tachinardi, Maria Helena. "Rumos para a política externa". *Gazeta Mercantil*, 26-28 maio 1990. p. 3. *Boletim Cedep/UFRGS*, n. 10, maio 1990.
[115] "Democracia viabiliza integração do Cone Sul". *Gazeta Mercantil*, 14 set. 1990. p. 47. *Boletim Cedep/UFRGS*, n. 2, set. 1990.

as mudanças em curso no mundo que viriam a influir na transformação das relações internacionais:

> Esta é a primeira vez em que me dirijo à Assembléia Geral das Nações Unidas. Registro com emoção a coincidência de inaugurar este ano o debate geral precisamente quando, no Brasil e no mundo, transformações múltiplas e profundas estão revendo os conceitos e preconceitos que há décadas vinham asfixiando a comunidade de nações.
>
> (...)
>
> Nos últimos doze meses, certos acontecimentos transformaram o panorama das relações internacionais, em especial no eixo Leste-Oeste. Povos até então submetidos a regimes autoritários assumiram com firmeza, em definitivo, a trilha da democracia. O fim da Guerra Fria significou a liquidação de uma herança amarga de desilusões, confrontos e riscos para a própria sobrevivência da humanidade. O abrandamento das tensões internacionais tornou clara a compreensão de nosso destino comum, sublinhando o caráter global das relações dos homens entre si e com o meio ambiente.
>
> Sob o impulso promissor das novas tendências, quase nos permitimos um sentimento de euforia e complacência. Mas a fragilidade da ordem internacional, o efeito desestabilizador de certas situações regionais e a gravidade dos problemas econômicos recomendam-nos cauta reserva.[116]

Neste trecho do discurso, Collor de Mello anunciava ao mundo a sincronia das mudanças no Brasil, como nova postura, novo presidente, novo Brasil, e ressaltava que o abrandamento das tensões permitia as mudanças. Mudanças essas que nada mais eram que as recomendadas pelo Consenso de Washington. Nesse contexto, emerge uma questão quase psicanalítica: a confissão de que tudo só é possível, inclusive as concessões sociais do passado, em clima de distensão. Aqui aparece a idéia de "fim da história", de forma subliminar.[117]

Da mesma forma, de maneira um tanto ingênua, o presidente parecia acreditar (e incorre mesmo numa euforia, nesse sentido) que o fim da Guerra Fria beneficiaria a ordem interna, diminuindo as pressões políticas em favor das reformas sociais, fator patente da instauração dos regimes militares na América Latina. Mas parecia não levar em conta que o fim da Guerra Fria também liberava as forças de pressão e de controle por parte dos centros capitalistas, que o neoliberalismo nascente era produto desse processo. De fato, a euforia de Collor de Mello, que tanto contém de sua preferência ideológica, merecia mesmo "cauta reserva", mas não exatamente pelas razões que dava. Via-se que o discurso tinha muitos componentes enunciativos que se mostravam desalinhados ou incoerentes.

---

[116] Em 24-9-1990. *A palavra do Brasil...* cit. p. 509-510.
[117] Ver Lafer e Fonseca Jr. (1994:56). Eles analisam o fim da Guerra Fria e a conseqüente perspectiva otimista criada no sistema internacional, destacando que o primeiro elemento desse quadro otimista era que os valores do liberalismo, entrelaçando democracia e mercado, tendiam à inexorável universalização. Nessa perspectiva, estaria sendo criada uma mensagem única que prevaleceria e permitiria harmonizar as necessidades de segurança, de riqueza e as inclinações de valor. Assim, segundo eles, teríamos chegado, para falar como Fukuyama, ao "fim da história".

Outro tema de destaque na agenda internacional era o meio ambiente, cuja degradação colocava o Brasil em questão perante o mundo. Ele falava disso porque julgava que a mudança do tratamento do meio ambiente no país facilitaria a sua aceitação no processo global, como ficou claro mais adiante, em 20 de fevereiro de 1992, quando os presidentes dos quatro países componentes do Mercosul e o ministro das Relações Exteriores do Chile, reunidos em Canela, assinaram a Declaração de Canela, que harmonizava as posições do Cone Sul na Conferência da ONU sobre Meio Ambiente e Desenvolvimento.[118] A ECO-92, que reuniu chefes de Estado de diversas partes do mundo para tratar da questão ambiental no planeta, foi conseqüente a essas medidas preparatórias.

Uma das características mais importantes dessa nova ordem internacional era o desvio do poder ideológico-militar como eixo de competição em escala mundial, dando lugar a questões econômico-tecnológicas. Ciente das implicações para o Brasil, Collor de Mello expôs na ONU a preocupação com essa mudança de paradigma nas relações internacionais, que estava dificultando a inserção internacional do país:

> Consciente de que a produção, o acesso e a utilização da tecnologia constituem novo e necessário paradigma econômico, o Brasil não pode deixar de manifestar profunda preocupação com as barreiras que ainda se erguem ao livre intercâmbio nesse decisivo domínio.
>
> O que está em jogo é nossa própria possibilidade de integração ao núcleo dinâmico da economia mundial. Os países que subordinados estiverem no plano da tecnologia, subordinados hão de estar na nova divisão internacional do trabalho a ser definida pelo avanço tecnológico. As barreiras internacionais retratam a dureza de uma política que virtualmente marginaliza os países de industrialização tardia.
>
> A preocupação do Brasil se explica não só por sua capacidade tecnológica — uma das mais elevadas entre as nações em desenvolvimento — mas também por vivermos dentro de absoluta normalidade democrática, com instituições livres em pleno funcionamento, e um governo incondicionalmente fiel ao direito e às suas obrigações internacionais.[119]

Nesta fala, Collor de Mello apresenta uma reivindicação permanente do Brasil, coerentemente repetida até o governo de Fernando Henrique Cardoso. Era como um alerta: o Brasil abriria sua economia, na condição de que tivesse abertura para vender. Ele destacou também a tradicional posição do país em seguir as normas internacionais, assinalando suas qualidades de bom pagador e "democrático" — logo, merecedor de crédito e incentivo. O Brasil abriria as portas, mas esperava que todos fizessem o mesmo. Mas não seria de indagar, nessa altura, se não foi o mesmo Collor de Mello que iniciou a abertura da economia brasileira, e iniciou a sua desregulamentação, sem as salvaguardas adequadas?

Assim, no dizer de Collor de Mello, as relações econômicas internacionais adquiriram crescente importância no esquema de prioridades das políticas públicas dos países porque, fundamentalmente, buscava-se melhorar o posicionamento das economias na-

---

[118] Ginesta, 1999:177.
[119] Em 24-9-1990. *A palavra do Brasil...* cit. p. 518.

cionais nas correntes de investimento e comércio globais. A grande questão era superar então as dificuldades, uma vez que o quadro internacional era favorável a isso.

No plano externo, o tema da modernização foi utilizado como elemento retórico, para uma série de alterações de rumo, destinadas a transpor a atuação às vezes hesitante da diplomacia brasileira, que tinha dificuldades em sair do círculo dos países em desenvolvimento para uma busca de compatibilização com os países desenvolvidos. Discursivamente, a modernização, reiteradas vezes utilizada, servia como uma anteposição ao "atraso" por parte dos empresários e dos políticos resistentes às reformas que tinha em mente. Era um caráter disfórico, como uma barreira no caminho das "mudanças" pretendidas, uma pecha que não pretendia excluir o "corporativismo" das empresas estatais ou as reivindicações dos sindicatos mais organizados, a que a fala presidencial aludia subliminarmente, e que resultaria em muitos dos problemas futuros. Esse era o "atraso" que o tema da "modernidade" ocultava, até certo ponto.

Para Collor de Mello, o tema da modernização da economia[120] também se encontrava ligado à integração da América Latina, como condição para que ela se unisse aos protagonistas daquele momento em favor de mudanças no cenário mundial, isto é, caminhasse na direção da globalização. Na sua percepção, o Cone Sul seria o "epicentro econômico da integração da América Latina", porque estava deixando de ser "um sonho para se tornar uma realidade tão concreta quanto fecunda".[121] Começava, assim, discursivamente, a orientação do Mercosul como instrumento para a liberalização da economia do Brasil e dos demais países-membros.

Coerente com a sua retórica populista, Collor de Mello ressaltava a sua condição de presidente eleito, assegurando-se dessa condição como um aval para as transformações que viria a realizar, fragmento retórico recorrente que perdurou por todo o seu mandato. Percebe-se, também, a magnitude e a variedade das transformações que ele se propunha a realizar rapidamente, o que era impossível e completamente distante da realidade. Entretanto, ele implementou algumas reformas significativas no país.

Além disso, ele se colocava como o chefe do governo democrático que iria produzir uma mudança no imaginário nacional porque a democracia mudava a imagem do Brasil, externa e internamente:

> Em estreita sintonia com as tendências mais positivas da história contemporânea, o Brasil passa por profundas transformações que o colocam na rota da democracia absoluta e definitiva, da abertura econômica e da justiça social. Eleito por meus concidadãos, no mais livre dos pleitos de nossa história, assumi amplas responsabilidades pessoais e políticas perante os 150 milhões de brasileiros. O mandato que me conferiu o povo é o de promover a rápida modernização e a plena integração do país na economia internacional, para torná-lo mais competitivo e para que sua gente alcance os níveis de bem-estar a que seu talento e operosidade lhe dão direito.

---

[120] "ONU propõe programa de cooperação para toda a América Latina". *Gazeta Mercantil*, 26 abr. 1990. p. 15. *Boletim Cedep/UFRGS*, n. 9, abr. 1990.
[121] Discurso de posse de Collor de Mello, no Congresso Nacional, em 15-3-1990. "Vamos abrir e integrar o Brasil ao mundo". *Folha de S. Paulo*, 16 mar. 1990. Especial, p. 7. *Boletim Cedep/UFRGS*, n. 8, mar. 1990.

Meu compromisso é o de recuperar o Estado e a sociedade, garantir o funcionamento em sua plenitude das instituições democráticas, reestruturar e revitalizar a economia, derrotar a inflação, liberar as forças criadoras da iniciativa privada, combater a miséria que ainda atormenta parcelas do meu povo.

(...)

Nesse momento, nenhum governo pode excluir-se, ou ser excluído, do debate sobre as perspectivas da ordem mundial. Na América Latina chegamos, com dificuldade, a um estágio avançado de construção democrática e de respeito aos direitos humanos, avanços de que nos orgulhamos e que nos dão renovado ânimo.

Em nossa região, como em outras, mulheres, homens e, sobretudo, os jovens cobram novas energias e esperanças. A América Latina volta a fazer jus aos sonhos libertários de seus povos e se reconcilia com sua verdadeira vocação democrática.

(...)

Globaliza-se a agenda da comunidade internacional. As Nações Unidas encontram-se diante da tarefa da construção de uma nova estrutura de paz e prosperidade. Não mais se pode imaginar um mundo cronicamente dividido em metades que se hostilizam. Nem a ideologia, nem a pobreza podem continuar a separar os seres humanos.

A tendência à globalização vale para todos os quadrantes: Leste, Oeste, Norte e Sul. Os anseios de liberdade, de dignidade e de melhores condições de vida não conhecem fronteiras. As oportunidades não podem ser perdidas, sob pena de que a obsoleta confrontação Leste-Oeste venha a ser sucedida pelo agravamento da crise Norte-Sul e de que novos erros comprometam o destino da sociedade internacional.

O Governo brasileiro está preparado para discutir as linhas básicas de uma nova estrutura internacional, que garanta a paz e promova a cooperação. Não nos parece bastante preservar os atuais arranjos políticos e econômicos globais, menos ainda reeditar o passado recente ou remoto. O conceito antiquado de poder — como capacidade de destruir e como manifestação de hegemonia econômica — deve ser, finalmente, abandonado.[122]

    Collor de Mello revelava uma boa percepção de prioridades e, também, excesso de ambição ao inserir, no discurso político e na agenda do país, temas como democracia e modernização econômica, que, segundo ele, seria alcançada pela privatização e pela desregulamentação e liberalização comercial. Entretanto, ele não expôs com nitidez seus programas de ação para enfrentar esse desafio porque, provavelmente, não os tinha. Mas vislumbrou uma realidade capital: o fim da tensão Leste-Oeste poderia levar à sua substituição pela tensão Norte-Sul, diagnóstico que ele não soube aproveitar, senão discursivamente.

    Encontra-se destacada, nessa fala, a mudança que se operou no Brasil, a sua opção pela democracia como forma de governo, o que contribuía para a inserção internacional do país, outro elemento retórico recorrente, que vinha desde Sarney. Amparado na vontade popular, que na realidade era a vontade de Collor de Mello, ele aponta

---

[122] Discurso na ONU, em 24-9-1990. *A palavra do Brasil...* cit. p. 511-512.

a entrada do Brasil na globalização como a forma de recuperar o Estado doente, sendo para isso necessário o reforço do capitalismo, imprescindível para haver a remição social.

Ele apresentava, também, como estímulo da presença internacional do país, o engajamento brasileiro e latino-americano na luta contra a exclusão, que, na sua opinião, até já realizara avanços no campo dos direitos humanos, bastante atingidos nos governos militares. E insinuava que os sonhos de democracia e liberdade da América Latina nele encontrariam o novo herói das expectativas do continente. Novo porque substituía os velhos heróis revolucionários, ele, o herói da iniciativa privada e da globalização, que promoveria a integração da América Latina.

Nesse momento da história, a América Latina encontrava um caminho liberto das limitações impostas pelo alinhamento da Guerra Fria, mas prejudicado pelo débito social, que precisava ser redimido. Entretanto, vislumbrava-se uma barreira: a abertura econômica devia ser recíproca, a globalização deveria ser para todos.[123]

Essa competição entre os diversos atores internacionais, no cenário da globalização, passou a constituir um fator de motivação para a criação de blocos econômicos, inclusive entre países em desenvolvimento, para os quais esse se afigurava como o instrumento mais apto para o enfrentamento das exigências do novo ordenamento internacional. Criticando a nova ordem internacional, Collor de Mello assinalava com ênfase:

> Para que não se converta em fórmula estéril ou em disfarce de uma crise política mais profunda, o "novo multilateralismo" há de ser realmente inovador e atento ao imperativo da representatividade. As últimas semanas evidenciaram, de forma direta e dramática, não só a globalização do sistema das relações internacionais, mas também sua vulnerabilidade e sua instabilidade. Nunca como hoje, Senhor Presidente, a política e a diplomacia foram tão necessárias na esfera multilateral.[124]

Acreditamos que, ao se referir a acontecimentos das semanas anteriores, Collor de Mello quis lembrar o fato de que, nos dias 17 e 18 de setembro, ocorreu em Washington um encontro entre uma delegação conjunta de diplomatas brasileiros, argentinos, uruguaios e paraguaios, para discutir com funcionários norte-americanos a proposta do presidente Bush de uma zona de livre-comércio para as Américas.[125]

A proposta do presidente norte-americano contemplava uma nova parceria no hemisfério, baseada em mais comércio e menos ajuda. Na proposta dos países do Cone Sul, discutiu-se acrescentar o acesso da região aos conhecimentos tecnológicos produzidos nos Estados Unidos às tarefas propostas por Bush como prioritárias: a redução da dívida externa regional, a derrubada de barreiras comerciais e a liberalização de políticas de investimento no continente.[126] Iniciava-se, assim, na prática, a proposta de posições comuns dos países do Cone Sul em relação a temas de interesse geral da agenda internacional.

---

[123] "La situación actual de América Latina según un informe extraoficial de la CEPAL". *El Día*, 27 mar. 1990. p. 13. *Boletim Cedep/UFRGS*, n. 8, mar. 1990.
[124] Discurso na ONU, em 24-9-1990. *A palavra do Brasil...* cit. p. 519.
[125] "O mercado comum em 1994 para Argentina, Brasil, Uruguai e Paraguai". *Gazeta Mercantil*, 7-8-10 set. 1990. p. 2. *Boletim Cedep/UFRGS*, n. 2, set. 1990.
[126] Ginesta, 1999:170-171.

As sérias dificuldades experimentadas na época para alcançar avanços substanciais na formulação de acordos multilaterais, no quadro da paralisada Rodada Uruguai do Gatt, apareciam como fatores adicionais para estimular a consolidação de grandes espaços econômicos regionais.[127] Ao mesmo tempo, o desenvolvimento estratégico das empresas transnacionais, distribuindo seus investimentos — e, com isso, suas produções — nos diferentes países, segundo seus interesses, bem como a crescente internacionalização dos mercados de capitais, favoreciam e realimentavam a criação de novos espaços econômicos ampliados. Ainda em seu discurso na ONU, Collor de Mello enunciava uma visão otimista quanto ao diálogo e negociação com os países desenvolvidos e, com uma imagem veemente ("fortalezas"), alertava para o crescente protecionismo daqueles países:

> Enquanto desaparecem as tensões no eixo Leste-Oeste, coloca-se com todo vigor a questão da definição dos novos lineamentos da ordem econômica internacional.
>
> Preservam-se, por ora, as práticas e os mecanismos perversos de proteção comercial e de comércio administrado. As aberturas setoriais se fazem com rígida observância do princípio da reciprocidade, em detrimento das economias mais frágeis. É inquietante que o esforço no sentido da liberalização econômica e comercial conviva com a onda neoprotecionista. Com uma economia que se abre para o mundo, e na expectativa de que se estabeleça uma economia mundial aberta, o Brasil participa da Rodada do Uruguai — nas negociações multilaterais em curso no GATT — confiante de que essas venham a corrigir as desordens e atrofias persistentes no comércio internacional.
>
> Os recursos aos subsídios à exportação e as medidas de apoio interno por parte de nações desenvolvidas têm atingido níveis exagerados, que prejudicam fortemente os países em desenvolvimento, capazes de aumentar o suprimento de produtos agrícolas ou agroindustriais ao mercado mundial. É deplorável que, com o arsenal protecionista hoje em uso no mundo desenvolvido, se oponham obstáculos à maior produção mundial de alimentos, num cenário de subnutrição que atinge boa parte da humanidade.
>
> Esperamos resultados equilibrados em todas as áreas em negociação na Rodada Uruguai, que fortaleçam o multilateralismo e anulem tendências restricionistas. Não desejamos que se congelem disparidades entre o Norte e o Sul, nem que a livre competição continue a ser artificiosamente frustrada.
>
> No quadro das conhecidas dificuldades no interior das principais potências econômicas, e entre elas, abre-se o risco de que os megablocos não cheguem a pautar-se pelos interesses globais, pelo sentido de conjunto e pela lógica da abertura econômica, mas degenerem em verdadeiras "fortalezas" comerciais.[128]

Observa-se, nesta fala, a persistência de temas recorrentes, destacando-se aspectos "doutrinários" de crítica a certas práticas do capitalismo controlador. Nesse sentido, retomam-se, também, as críticas ao protecionismo das nações mais desenvolvidas, em comparação com a abertura do Brasil. Numa estratégia retórica já desgastada pela repetição mundo afora, situava-se esse fato como um dos causadores da fome que afetava

---

[127] "A importância do GATT para os mais pobres". *Gazeta Mercantil*, 17 maio 1990. p. 20. *Boletim Cedep/UFRGS*, n. 10, maio 1990.
[128] *A palavra do Brasil...* cit. p. 515.

parte da humanidade. Nesse contexto de críticas ao protecionismo, Collor de Mello assinalava a iniciativa do Brasil e de seus vizinhos em prol do livre-comércio. O país havia iniciado a abertura da economia, entretanto não encontrava reciprocidade por parte dos países mais desenvolvidos. Não deixa de ser interessante ver que o presidente partia de uma posição de forte ideação, desejando que a abertura da economia brasileira fosse um passo adiante ao discurso, mas não esperou, como em seguida melhor se viu, pela resposta a seus apelos reiterados nos foros internacionais.

Nesse discurso, Collor de Mello propunha alterações das práticas comerciais e projetava uma imagem do cenário que pensava vir a ocorrer. Entretanto, ao promover a abertura da economia brasileira, ele não se preocupou em observar o princípio da reciprocidade para o Brasil, apesar de perceber e já haver mencionado em suas falas, no início da década de 1990, uma mudança nas relações internacionais, nas vertentes comerciais, financeiras e de investimentos, com o enfraquecimento no vínculo de país a país, e o fortalecimento de relações interblocos e intrablocos.

A urgência da integração

A conjunção dessas variáveis configurou um cenário global em que a integração regional aparecia como uma necessidade capital para os países da América do Sul. Assim, esse novo impulso rumo ao regionalismo recriou e aprofundou experiências anteriores, dessa vez compatibilizado com as importantes reformas estruturais que a maioria dos países sul-americanos começava a realizar, entre as quais a abertura comercial, as privatizações e a desregulamentação financeira, que ocuparam lugar relevante nessas reformas.

Assim, os temas das reformas estruturais e da integração regional, ou sub-regional, se complementavam e se reforçavam mutuamente. Schirm argumenta que é exatamente a globalização transnacional que oferece os estímulos para a cooperação regional, que, na sua percepção, é uma resposta economicamente mais eficaz e politicamente mais viável às pressões competitivas.[129]

Essa argumentação foi parcialmente aceita pela diplomacia brasileira, como se pode observar pelo pronunciamento do embaixador brasileiro na Aladi, Rubens Barbosa, ao salientar que, além da maior proximidade entre Brasil e Argentina, as circunstâncias históricas facilitavam e incentivavam um projeto de mercado comum. O constrangimento principal era a formação de blocos econômicos na Europa e na América do Norte (Estados Unidos, Canadá, México), que restringia as possibilidades de comércio da América Latina e forçava uma união.

Entretanto, ele argumentava também que, a partir da formação dos blocos, o Brasil e toda a América Latina perderiam espaços nesses mercados e teriam de vender entre si. Além disso, Rubens Barbosa ressaltava que se apontava a integração como uma saída para a América Latina, mas essa solução não resolveria a crise da região. Na sua percepção, o Brasil teria de continuar lutando pela sua presença nos mercados desenvolvidos, pois "entrar para o Primeiro Mundo é importante porque lá é que se mantém a competitividade".[130] A propósito, assim se pronunciou o ministro Rezek:

---

[129] Schirm, 1996.
[130] "ALADI tem seu futuro questionado". Folha de S. Paulo, 2 set. 1990. p. B-7. Boletim Cedep/UFRGS, n. 2, set. 1990.

Solidários na tarefa de construir sociedades mais prósperas, os quatro países do Mercosul aprofundam em conjunto seu processo interno de reformas com o objetivo de potencializar vantagens comparativas, encorajar as forças de mercado e ampliar sua capacidade produtiva, sem recurso a mecanismos que excluam novos parceiros ou discriminem contra terceiros países. Essa é a resposta do continente à tendência à formação de megablocos. O Mercosul é projeto integracionista que se inscreve de maneira positiva no universo das ações tendentes a aperfeiçoar o sistema multilateral de comércio gerido pelo Gatt, que o Brasil quer ver fortalecido. Desse modo, a conclusão da Rodada Uruguai constitui bandeira prioritária para devolver à maioria dos países a expectativa razoável de um comércio baseado em padrões justos.[131]

Neste trecho do discurso de Francisco Rezek, notamos que, além do próprio ministro das Relações Exteriores, o Mercosul também aparecia como sujeito, ganhando certa pessoalidade, um modo discursivo de conferir realidade e naturalidade. Aqui Francisco Rezek mostrava as providências no âmbito regional, revelando certa ingenuidade: a parte fraca não faria reservas, na esperança de que a atitude dos megablocos não fosse protecionista. Utilizava uma retórica euforizante, ao denotar que o Mercosul representaria prosperidade a partir de uma integração potencializadora das economias, das trocas, e declarava que o Brasil, a parte forte, queria parceria e não hegemonia, talvez para destravar prevenções históricas.

Foi nesse contexto específico, caracterizado pelo dilema integracionismo *versus* megablocos, que se iniciou a aceleração da integração do Cone Sul, visando atingir o patamar de um mercado comum, para aumentar a competitividade dos países-membros na economia mundial.

Este objetivo encontrava-se bem inserido na temática da modernização e do projeto neoliberal de Collor de Mello, que marcaram esse momento histórico da aceleração do processo integracionista no Cone Sul.[132] Entretanto, o açodamento e a precipitação em acelerar a criação do Mercosul faziam parte da leitura de Collor de Mello, que imprimiu essa orientação mais idealizada do projeto, que, num curto espaço de tempo, transformaria a região num mercado comum, ampliaria o comércio, propiciaria maior inserção internacional — seria, enfim, a concretização dos ideais de desenvolvimento do

---

[131] Conferência pronunciada na Escola Superior de Guerra, no Rio de Janeiro, em 31-7-1991. *Resenha de Política Exterior do Brasil*, n. 69, p. 62-63, 1991.
[132] Schirm, 1996:276. Segundo Schirm, a criação do Mercosul por Brasil e Argentina contempla duas funções essenciais: primeiro, serve para ancorar as reformas neoliberais internas porque, quando os governos se vinculam à nova tendência ao mercado livre, as terceiras partes devem ter a segurança da continuidade dessa política; no âmbito interno, as reformas liberalizantes serão melhor implementadas graças aos acordos regionais, porque assim os governos conquistaram uma nova fonte de legitimidade, já que podem usar como argumento, em face dos grupos de interesse nacionais, os compromissos externos. Segundo, o Mercosul tem como objetivo o aumento da competitividade das respectivas economias através do aumento do volume de bens exportados, da atração de mais investimentos produtivos e da abertura de novas fontes de crédito; mediante a ampliação dos mercados nacionais pelos mercados dos parceiros, as escalas de produção e novas entradas de capital seriam aumentadas.

Brasil e dos demais países-membros, quase como uma resposta automática à sua deflagração.

Ainda de acordo com a argumentação de Schirm,[133] a vinculação das políticas econômicas a tratados de cooperação funciona como um incentivo porque os governos podem apontar restrições externas como razões políticas, quando criticados internamente pelas dificuldades sociais provocadas pelas reformas neoliberais. Por isso, as razões para a convergência simultânea de interesses nacionais residem, em grande parte, na maior influência de atores e sistemas cujas ações não são configuradas por territórios, interesses e políticas nacionais específicas, e que atuam cada vez mais em escala global. As fronteiras vão se tornando mais permeáveis e, à medida que a produção, o investimento e o comércio exterior se tornam crescentemente menos controláveis por meios nacionais, os Estados têm de se ajustar de forma progressiva às exigências competitivas da globalização transnacional.

Celso Lafer,[134] ao discursar na ONU, descrevia os desafios da nova ordem internacional e sugeria uma mobilização conjunta para a mudança desse estado de coisas:

> Vivemos em uma era em que a interdependência dos pólos dinâmicos da economia mundial evidencia as deficiências da cooperação global. Amplia-se a olhos vistos a distância entre o Norte e o Sul. Não podemos aceitar o prolongamento dessa situação.
>
> Precisamos trabalhar em conjunto em favor do crescimento econômico em todos os países. Não existirá paz e segurança enquanto persistirem as disparidades que deformam o sistema internacional.
>
> Uma comunidade internacional crescentemente interdependente e aberta tenderá a retirar ganhos ainda maiores da alavanca para o crescimento que constitui o comércio internacional. Devemos evitar, assim, que pressões protecionistas, associadas a interesses setoriais de curto alcance, comprometam o esforço negociador da Rodada Uruguai, inspirado na livre concorrência e na ampliação de benefícios.
>
> As dificuldades e a lentidão inerentes ao processo de liberalização comercial no âmbito multilateral não devem conduzir a uma opção indiscriminada pela formação de blocos regionais fechados. Preferimos ver a liberalização no plano regional como exercício suplementar, que se justifica pela criação de oportunidades adicionais, capazes de imprimir maior dinamismo no comércio mundial como um todo sem penalizar terceiros.[135]

Ressaltamos a importância do texto porque aí aparecem elementos de diagnose que mostram a incongruência entre a avaliação e a realidade da situação internacional, mas, apesar disso, não serviu de subsídio ao governo, pois não impediu a implementação de uma política temerária de abertura da economia, o que de fato veio a acontecer.

---

[133] Schirm, 1996:276.
[134] Celso Lafer foi ministro das Relações Exteriores de 13-4-1992 a 5-10-1992.
[135] Em 21-9-1992. *A palavra do Brasil...* cit. p. 549. Ver também a palestra de Celso Lafer na Escola Superior de Guerra, no Rio de Janeiro, em 24-9-1992. *Resenha de Política Exterior do Brasil*, n. 71, p. 59-79, 1992. Nessa ocasião, ele discorreu sobre algumas idéias e conceitos considerados fundamentais na apreciação dos interesses do Brasil no cenário internacional.

Assim, o Cone Sul partiu de uma situação de pouca articulação de defesa diante do capitalismo moderno, observando-se certa incompetência para adequar a política regional ao meio hostil internacional. Tal fato pode ser exemplificado pela situação vulnerável do Mercosul diante da Alca, no governo de Fernando Henrique Cardoso, provavelmente influenciada pela decisão do governo Collor de Mello de promover a liberalização sem reserva alguma ou tratamento de reciprocidade, atuando sem as devidas salvaguardas, sem nada, tudo aceitando.

Além do açodamento de Collor de Mello, os incentivos externos e internos para a integração entre Brasil e Argentina foram emprestando a esse projeto de integração um ritmo e uma amplitude inéditos. Desta maneira se referiu um especialista ao assunto:

> Assim, pela conjunção de uma série de fatores tanto internacionais como nacionais e regionais, a integração comercial entre a Argentina e o Brasil ganhou uma agilidade e amplitude inéditas na América Latina. Se, politicamente, os incentivos e as prioridades que os países conferiam ao processo assinalavam clara continuidade em relação à estratégia inaugurada na década de 80, do ponto de vista econômico a integração adquiria uma nova identidade. Num contexto de maior abertura o esquema anterior de integração bilateral baseado na gradualidade, na simetria e no equilíbrio teve de se adaptar e aprender a conviver com essa nova realidade.[136]

O autor mostra, portanto, que a integração é uma inovação qualitativa dos anos 1990, outra rota derivada da aproximação encetada na década anterior. Deixa patente também ser a Argentina o que mais importa, uma vez que o Uruguai e o Paraguai aderiram ao Mercosul mais ou menos a reboque dos acontecimentos, provavelmente não só por já desenvolverem projetos comuns com o Brasil e a Argentina, mas porque confeririam maior representatividade ao grupo quando houvesse necessidade de votação em fórum internacional, quando se colocassem os desafios que se poderiam esperar.

Sobre as tensões e desafios da nova ordem mundial, Celso Lafer veio a se pronunciar na ONU:

> Ao abordar a dicotomia entre o real e o ideal, necessária para a construção de uma nova ordem, referi-me às amplas oportunidades de cooperação entre os países para o encaminhamento de soluções aos problemas nas áreas de paz e segurança, democracia e direitos humanos, desenvolvimento e meio ambiente. Essas são as áreas prioritárias em que os povos de todo o mundo esperam se concentre esta Organização.
>
> (...)
>
> No Brasil, na América Latina, como em outras regiões, reformas corajosas e necessárias buscam eliminar os obstáculos ao desenvolvimento, à competitividade econômica, ao progresso tecnológico e ao exercício desimpedido da criatividade e da capacidade empresarial com base nas forças de mercado.
>
> O Brasil associa-se às demais Nações com espírito aberto, sabedor da necessidade de nos adaptarmos criativamente às novas realidades e desafios, mas com visão de futuro, com a generosidade própria da utopia.[137]

---

[136] Campbell, 2000:103-104.
[137] Em 21-9-1992. *A palavra do Brasil...* cit. p. 552-553.

Observa-se aqui uma flutuação temática no discurso do ministro, entre as balizas do real e do ideal, nos entendimentos acerca dos novos temas da agenda internacional. Manifesta-se, também, a consciência da política internacional brasileira em relação a esses temas e aos esforços que o país vinha empreendendo para inserir-se na nova ordem mundial. Mas aceitar a submissão às forças de mercado que objetivam o lucro máximo é mais que uma dicotomia entre ideal e real, é um paradoxo, se não uma contradição grave, ante o sistema internacional em redirecionamento.

Coerente com a ênfase dada em seu discurso na ONU — "O ideário liberal venceu, e devemos lutar para que se imponha de forma coerente, ampla e, sobretudo, inovadora"[138] —, o programa de Collor de Mello nada mais seria, contudo, que a aplicação, ao pé da letra, no Brasil da filosofia ultraliberal consolidada no chamado Consenso de Washington, modelo de organização econômica que os representantes das agências governamentais dos Estados Unidos e de instituições internacionais de crédito sediadas na capital norte-americana haviam indicado como o mais adequado para a América Latina. Em resumo, isso significava que os Estados Unidos propunham que o resto do continente se submetesse inteiramente às forças de mercado, através não apenas de um emagrecimento desejável do Estado, mas de sua redução a um Estado mínimo. Isso implicava a adoção de políticas ultraliberais, um tipo de inserção internacional, de abertura unilateral das economias latino-americanas capaz de proporcionar mais vantagens aos Estados Unidos do que aos próprios latino-americanos, e Collor de Mello foi o executor dessa pretensão no Brasil, até o limite de suas possibilidades e das circunstâncias.[139]

No Brasil cotidiano, o novo governo parecia mais interessado em reverter o quadro de crise no qual a instabilidade macroeconômica se aprofundara, com o desequilíbrio das contas públicas, trazendo inevitável perda da competitividade, já agravada pela inflação e pela desordem financeira e fiscal. Mas a leitura que o governo Collor de Mello fazia do fim da Guerra Fria era a de um triunfo absoluto dos Estados Unidos e do modelo neoliberal. Diante da brusca alteração no cenário internacional, o governo entendeu que se tornara inevitável e urgente a adequação do país às novas condições, preparando-se para lograr uma nova aproximação com o Norte.[140] A respeito dessa precipitação, Paulo Nogueira Batista, falecido embaixador do Brasil junto ao Gatt, em Genebra, e junto à ONU, em Nova York, lembrava:

> (...) o temperamento de Collor — seu voluntarismo, sua impaciência — daria ao alinhamento brasileiro ao Washington Consensus algumas características pessoais que disfarçariam a origem externa do programa presidencial. O ex-presidente imprimiria à abertura unilateral do mercado brasileiro um ritmo muito mais veloz, por exemplo, do que o adotado no México, que começou na presidência de Miguel de La Madrid e só se completaria na de Salinas de Gortari.[141]

---

[138] Em 23-9-1991. *A palavra do Brasil...* cit. p. 526.
[139] Batista, 1993b.
[140] Grande parte desta análise foi feita a partir do artigo de Paulo Nogueira Batista (1993a).
[141] Batista, 1993a.

Esta comparação mostra a influência de traços marcantes da personalidade de Collor de Mello na condução da política externa brasileira. Prosseguindo em sua análise, Nogueira Batista argumenta:

> (...) de um só golpe, Collor eliminou todos os obstáculos não-tarifários e iniciou um processo de redução acelerada das barreiras tarifárias. Tudo isso em plena recessão e sem a preocupação de buscar contrapartidas para os produtos brasileiros nos mercados externos nem de dotar o país de um mecanismo de salvaguardas em relação às práticas desleais de comércio de nossos competidores. Exatamente o contrário, portanto, do que fizeram os países plenamente desenvolvidos em que Collor pretendia se inspirar e cujo processo de abertura comercial, limitado aos produtos industriais, se fez ao longo de quatro décadas e de numerosas rodadas de negociações no âmbito do GATT, à medida que suas economias se expandiam, com base na estrita reciprocidade e acompanhadas, desde sempre, por mecanismos de salvaguardas comerciais.[142]

Nogueira Batista aponta neste texto, com toda a precisão, a imprudência da decisão de Collor de Mello, sendo a ênfase na questão das salvaguardas muito importante, em virtude das conseqüências — desindustrialização, desemprego, queda do PIB, agravamento da situação social — que viriam a emergir em decorrência das medidas unilaterais de abertura do governo em curso, sem as devidas vantagens de reciprocidade para os produtos brasileiros nos mercados externos, nem medidas de proteção contra as práticas desleais de comércio de novos competidores. É importante ressaltar que o questionamento se refere à forma como são utilizados os instrumentos, já que o Brasil possui, desde 1988, legislação sobre práticas desleais (subsídios e *dumping*).

Do amplo pacote de reformas econômicas, envolvendo abertura comercial, liberalização de investimentos, privatização de empresas estatais e renegociação da dívida externa, foi possível manter em marcha apenas as novas determinações no campo de comércio exterior.

A atuação diplomática de Collor de Mello teve muita influência na implementação do Mercosul. A propósito, Klaveren, ao analisar a política externa a partir de variáveis internas, destaca o enorme poder de que desfruta o presidente da República em quase todos os países latino-americanos, induzindo muitos analistas a ver a política externa da região como um processo decisório essencialmente presidencial. Assinala, também, que os protagonistas governamentais tendem a ser mais numerosos nos países mais desenvolvidos, como o Brasil e a Argentina.[143]

Analisando a diplomacia presidencial, Danese mostra que Collor de Mello imprimiu à política externa brasileira a sua visão de mundo, que partia da percepção de que o sistema internacional caminhava para a unipolaridade norte-americana. Danese assinala que o presidente deu um impulso pessoal à diplomacia do seu governo, prestando-se com grande ênfase de gestos à tarefa de avançar, com autoridade presidencial, alguns temas importantes para a atualização da agenda diplomática brasileira (abertura econômica, entendimentos com a Argentina na área nuclear, meio ambiente, direitos humanos, modernização do país), alguns dos quais apenas incipientemente haviam começado no governo Sarney a alterar o perfil que lhes deram os governos militares.[144]

---

[142] Batista, 1993a.
[143] Klaveren, 1986.
[144] Danese, 1999:390.

Prosseguindo em sua argumentação, Danese ressalta que Collor de Mello encontrou um sistema de relações diplomáticas regionais que nem sempre obtivera o pleno engajamento do presidente brasileiro e adotou a tática – às vezes, o abuso — da diplomacia presidencial como instrumento de ação. Essa consolidação teve uma vertente pragmática, em favor da integração no âmbito do Cone Sul, o que gerou a prática regular de entendimentos presidenciais entre Brasil, Argentina e Uruguai, logo estendida ao Paraguai, a partir da criação do Mercosul, com o seu sistema de reuniões presidenciais semestrais no âmbito do conselho.[145]

Dessa forma, a diplomacia brasileira passou, em curto espaço de tempo, a enfrentar uma agenda obrigatória de compromissos presidenciais, o que mascara em certa medida a verdadeira diplomacia presidencial — aquela que decorre de um projeto próprio e deliberado de ação diplomática.[146]

Apesar da intensificação do processo de integração no Cone Sul, algumas parcelas das elites dos países da região, como Uruguai e Argentina, persistiam na idéia de que deviam procurar integrar-se com o Primeiro Mundo.[147] Mas a oposição de alguns setores da sociedade não impediu que o presidente Collor de Mello, juntamente com o presidente Menem, da Argentina, tomasse a iniciativa de aprofundar, alargar e acelerar o processo de integração. Então, rompendo com a postura cautelosa e gradual inaugurada no governo anterior, eles decidiram converter a Área de Livre-Comércio Brasil-Argentina num mercado comum. Assim se pronunciou o presidente brasileiro:

> Não lançamos, hoje, uma obra retórica e decorativa da história do Cone Sul. Há anos, viemos trabalhando, incessantemente, para nivelar ao plano da cooperação econômica a excelência de nosso entrosamento político. Sabíamos que, numa conjuntura internacional em tantos capítulos adversa, à conta do ressurgimento extemporâneo de barreiras comerciais, práticas protecionistas e medidas discriminatórias no sentido Norte-Sul, a alternativa mais recomendável era a viabilização do que, aqui, na capital paraguaia, estamos concretizando, para a surpresa dos pessimistas, mas para a grandeza e a prosperidade de nossos países.
>
> Sabíamos que, num mundo agigantado pela transnacionalização das relações econômicas e financeiras e, ao mesmo tempo, seduzido pelo impulso de reunir, em megablocos, os influentes centros pós-industriais, não havia opção à modernidade.
>
> Começamos a escrever nossa própria modernidade criando um Mercado Comum que, ao fortalecer nossa capacidade produtiva, no lastro da complementação de nossas economias, não nos fecha ao exterior. Pelo contrário, abençoa nosso mecanismo subregional de integração a certeza de que, juntos, nos abrimos enriquecidos à parceria com terceiros, ao fluxo de capitais, à renovação tecnológica, ao vigor, enfim, das forças mais promissoras do cenário internacional.[148]

---

[145] Ibid.
[146] Id. ibid. p. 385.
[147] Uchôa, Danilo. "Elites tentam conter integração". *Zero Hora*, 26 jun. 1990. p. 22-23. *Boletim Cedep/UFRGS*, n. 11, jun. 1990.
[148] Discurso por ocasião da assinatura do Tratado para a Constituição do Mercado Comum do Sul (Mercosul), em Assunção, em 26-3-1991. *Resenha de Política Exterior do Brasil*, n. 68, p. 32, 1991.

Este pronunciamento de Collor de Mello mostra, mais uma vez, a sua tendência em dar uma orientação idealizada ao Mercosul, ao supor que a formação de um bloco de países periféricos, com pouco espaço individual de inserção internacional, era mais uma opção de sobrevivência num cenário adverso e turbulento, capaz de frear a marcha regional em direção à modernidade, dificuldade essa que o bloco recém-formado poderia sanar.

Nessa fala, os representantes dos países que constituem o Mercosul se apresentam como atuantes do discurso, enquanto os "pessimistas", mencionados no primeiro parágrafo, aparecem como sujeitos existentes fora da fala (e contrários à "modernidade", consubstanciada no ato de fundação do bloco) e os portadores da mensagem que encerra outra visão, certamente mais pragmática e menos idealizada do Mercosul, talvez preocupados com a confiança excessiva do presidente em que o bloco que se criava pudesse vir a ser solução para os impasses do panorama internacional do Brasil.

É interessante observar o confronto entre o real e o ideal que Collor de Mello localiza na história do Cone Sul, destacando-se que o começo do texto é desmentido pelo último parágrafo, puramente retórico. O presidente iniciou sua fala justificando a abrupta mudança nos rumos do processo integracionista pela evolução dos acontecimentos internacionais, especialmente a consolidação dos espaços econômicos, a globalização da economia e a imperiosa necessidade de uma inserção competitiva na economia. É nesse cenário adverso que o Mercosul aparece como o espaço integrado, lugar de representações idealizadas.

Entretanto, o projeto do Mercosul não chegou a constituir-se numa ação independente, sendo um instrumento adicional de aceleração da liberação da economia. Desde que foi eleito presidente, já em sua primeira viagem, Collor de Mello preocupou-se em dar continuidade às obras anteriormente acertadas no início da integração do Cone Sul. A convergência de fatores político-econômicos internos e externos era, igualmente, um forte incentivo para a criação do mercado comum sul-americano.

Em função disso, Collor de Mello, em janeiro de 1990, ao encontrar-se em Montevidéu com o presidente Sanguinetti, assumiu a tarefa de implementar a criação de um mercado comum, afirmando que não ficaria só no discurso. Alertou que essa idéia tinha de prosperar de forma firme e gradual, sem perder de vista que a integração do Cone Sul era o único caminho que levaria os países da América do Sul à saída do confinamento a que estavam submetidos. Afirmou, também, que esses países tinham de se tornar competitivos, a partir de acordos comerciais na América Latina, para saltar das fronteiras a que se achavam confinados e participar, como interlocutores, nas negociações com os parceiros do Primeiro Mundo, que era o lugar onde mereciam estar. E ele, presidente eleito e representante do Brasil, era mais um aliado com que podiam contar.

Em Buenos Aires, após o encontro com o presidente Menem, Collor de Mello pronunciou-se a favor da continuidade da política de integração com a América Latina, iniciada por Sarney. Disse ainda que fizera questão de que a sua primeira viagem fosse à Argentina, para demonstrar a sua vontade em prosseguir a integração.

Nessa viagem, os passos específicos para a concretização do projeto de integração do Cone Sul foram: em Montevidéu, Collor de Mello mostrou interesse em investir no aperfeiçoamento da estrutura portuária da hidrovia do rio Paraná;[149] em Buenos Aires,

---

[149] Declaração de Montevidéu, Brasília, 1-3-1990, assinada por Collor de Mello e Menem. *Boletim Cedep/UFRGS*, n. 8, mar. 1990.

programou reuniões de trabalho para discutir a construção da ponte ligando São Borja a Santo Tomé,[150] bem como a criação do gasoduto[151] entre os dois países.[152] Com essas medidas, Collor de Mello pretendia demonstrar a prioridade que daria à integração sul-americana. Tanto Collor de Mello quanto Menem foram enfaticamente concordantes, nessa visita, com a necessidade de que a integração fosse confirmada por ações concretas, obras que propiciassem serviços de que a população pudesse usufruir.[153]

Configurava-se, então, em torno do Mercosul a possibilidade de uma mobilização de diversos segmentos da sociedade para a realização de projetos comuns. O discurso apontava para a construção de um sentido de irmandade e progresso, onde a relação se estruturava em termos de povos nacionais que cooperavam entre si, em benefício da região. Isso implicava que as tarefas comuns deviam ser realizadas sem apelos e distinções nacionais, produzindo um esgarçamento das fronteiras.

Nesse cenário de mobilização em torno do Mercosul, em meados de agosto de 1990, em Montevidéu, o secretário-geral da Aladi, o colombiano Jorge Luis Ordoñez, ao fazer o seu pronunciamento, saudou a hidrovia Paraná-Paraguai-Uruguai como um marco dos novos tempos: "A democracia, pela primeira vez instalada na região desde as guerras da independência há 170 anos, permitiu superar as diferenças e os conflitos regionais."[154] Essas iniciativas práticas em prol de maior aproximação despertavam o ideal de integração de tão difícil concretização na América Latina, em função das profundas assimetrias existentes.

Outro item da agenda diplomática brasileira, objeto de entendimento entre os dois principais sócios no Mercosul, foi a política nuclear, que recebeu nova configuração

---

[150] Declaração sobre a Ponte São Borja-Santo Tomé, Brasília, 16-3-1990, assinada por Collor de Mello e Menem. *Boletim Cedep/UFRGS*, n. 8, mar. 1990.

[151] Tratado de Integração, Cooperação e Desenvolvimento, Protocolo nº 8 (Energia), Diretriz e Prioridade, Brasília, 16-3-1990, assinado por Collor de Mello e Menem. Ibid.

[152] Ver as matérias: Lima, Maria; Veiga, Cristina. "Collor: só mercado comum libertará a América do Sul". *O Globo*, 22 jan. 1990; "Acuerdos entre la Argentina y Brasil". *Clarín*, 17 mar. 1990. p. 7. *Boletim Cedep/UFRGS*, n. 8, mar. 1990. "Gasoducto: analizan su prefactibilidad". *Últimas Noticias*, 7 abr. 1990. p. 4; "Hidrovia Paraná-Paraguai terá inaugurado novo trecho". *O Estado de S. Paulo*, 10 abr. 1990. Marinha Mercante, p. 3; "El estatuto de la navegación de la hidrovía es necesario; La hidrovía, un proyecto que reclama rápida concreción". *El País*, 23 abr. 1990. p. 19; "Estado participa de ponte binacional". *Correio do Povo*, 24 abr. 1990. p. 9; "Impasse impõe solução política para gasoduto". *Zero Hora*, 25 abr. 1990. p. 19; "Gasoduto custará US$ 500 milhões". *Gazeta Mercantil*, 27 abr. 1990. p. 16. *Boletim Cedep/UFRGS*, n. 9, abr. 1990.

[153] Sobre este tema, ver as seguintes matérias: "Gasoduto e ponte, primeiro ato internacional de Collor". *O Globo*, 11 mar. 1990; Negreiros, José. "Ato de Collor e Menem pode tornar legal ponte no Sul". *O Globo*, 2 jun. 1991; Mandim, Ana Maria. "Hidrovias no Mercosul". *Jornal do Brasil*, 24 jun. 1992; Carmo, Márcia. "Mercosul oficializa hidrovia entre Brasil e Paraguai". *Jornal do Brasil*, 27 jun. 1992; Leo, Sérgio. "Mercosul: fechado acordo para hidrovia". *O Globo*, 27 jun. 1992. E também as seguintes matérias, constantes do *Boletim Cedep/UFRGS*, n. 10, maio 1990: "Gasoduto: à espera de Collor". *Zero Hora*, 10 maio 1990. p. 26; "Gasoducto declarado de interés regional". *El Dia*, 15 mayo 1990. p. 12; "En viaje el primer embarque de soya brasileña por la hidrovía". *El País*, 21 mayo 1990. p. 21; "Entra em operação trecho Ladário-Cáceres, no rio Paraguai". *O Estado de S. Paulo*, 8 maio 1990. Marinha Mercante, p. 1; "La importancia del Rio de la Plata en el proyecto hidrovía". *El Dia*, 22 mayo 1990. p. 11.

[154] "Democracia viabiliza integração do Cone Sul". *Gazeta Mercantil*, 14 set. 1990. p. 47. *Boletim Cedep/UFRGS*, n. 2, set.1990.

com a constituição da Agência Brasileiro-Argentina de Contabilidade e Controle de Materiais Nucleares (Abacc) e a assinatura do Acordo de Salvaguardas Brasil-Argentina, com a Agência Internacional de Energia Atômica.[155]

Assinou-se também, com o objetivo de aumentar a credibilidade da política de desarmamento brasileiro, o Compromisso de Mendoza, em que Brasil, Argentina e Chile formalizaram o seu repúdio a armas químicas e biológicas.[156] Com esses procedimentos, o Brasil foi aprofundando os laços com os países vizinhos, em busca de uma posição conjunta sobre os temas da agenda internacional. O governo Collor de Mello, na linha da cooperação e não do confronto, fez questão de subordinar a política de segurança do Brasil aos interesses da potência hegemônica no hemisfério. Ao preferir agir na direção da cooperação regional, deixando para segundo plano a afirmação dos interesses nacionais e as razões de segurança, a diplomacia necessariamente se voltou para os problemas econômicos.[157]

O Brasil tornou-se signatário do Tratado de Assunção, que impõe, para seu cumprimento, desde questões institucionais e constitucionais até a compatibilização de interesses setoriais e regionais, comprometendo o Estado e seus cidadãos com um empreendimento de extrema complexidade. Esse tratado foi referendado pelo Congresso Nacional sem uma análise profunda e criteriosa.[158]

Os presidentes Collor de Mello e Menem tomaram uma decisão pela qual a relevância foi inversamente proporcional à responsabilidade, visto que as feições de um mercado comum exigem bem mais do que vontade política para serem formadas. Depois da rapidez com a qual se foram sucedendo os acontecimentos desde julho de 1990, empresários, sindicalistas e as sociedades de modo geral começaram a orientar seu horizonte rumo à perspectiva do mercado ampliado, que entraria em vigor em 1º de janeiro de 1995. Essa meta, constante do Tratado de Assunção, foi reafirmada na Declaração de Las Leñas, com a aprovação do Cronograma de Medidas, que fixou prazos para a aceleração do processo de implantação do Mercosul.

Entretanto, cabe ressaltar que o mercado comum é inconciliável com oscilações bruscas no ritmo inflacionário, ou com a política cambial dos países parceiros. Mas, para Collor de Mello e os demais presidentes dos países do Cone Sul, o Mercosul representava uma firme aposta no futuro, em meio aos sistemas de economia de mercado e abertura ao comércio internacional.[159]

Na avaliação do Itamarati, o sucesso do Mercosul dependeria do setor privado do empresariado brasileiro, que deveria adaptar-se para ocupar espaço no comércio com os

---

[155] Ver discurso de Collor de Mello proferido por ocasião da assinatura do acordo entre o Brasil e a Argentina para o uso exclusivamente pacífico da energia nuclear, em Guadalajara (México), em 18-7-1991. *Resenha de Política Exterior do Brasil*, n. 69, p. 23-24, 1991.
[156] Ver comentários de Collor de Mello sobre o seu pronunciamento para propor a elaboração coletiva de uma agenda para o consenso em: "A presença internacional do Brasil". *Zero Hora*, 14 fev. 1992. p. 4. *Boletim Cedep/UFRGS*, n. 7, fev. 1992.
[157] Ferreira, 1993:185.
[158] Esta análise foi realizada por Ricardo Seitenfus (1994).
[159] Ver as matérias constantes do *Boletim Cedep/UFRGS*, n. 8, mar. 1991: Totti, Paulo. "Integração econômica do Cone Sul". *Gazeta Mercantil*, 27 mar. 1991. p. 1 e 7; Espiell, Hector Gros, ministro das Relações Exteriores do Uruguai. "Tratado no Cone Sul quer integração". *Folha de S. Paulo*, 26 mar. 1991. p. 1-10.

outros três países. Além disso, seria necessário harmonizar políticas industriais e macroeconômicas, o que resultaria, inevitavelmente, no estabelecimento de uma só moeda e até mesmo no tratamento comum da dívida externa.[160] O alargamento, por sua vez, pode ser constatado pela inclusão de Paraguai e Uruguai, em condições diferentes, pois o Tratado de Assunção deveria entrar em vigor 12 meses após sua vigência nos demais países, e a aceleração espelhava-se nos prazos por ele estipulados.[161]

Num processo de integração, os acordos podem contemplar várias formas,[162] e o Tratado de Assunção mesclava três distintas situações de aproximação econômica entre os países. Confundiam-se as duas fases anteriores, quais sejam a zona de livre-comércio com a união aduaneira, a última subentendendo a existência de uma tarifa externa comum. Além disso, objetivava-se alcançar a formação de um mercado comum, quando a união aduaneira se estende à livre circulação de bens e serviços.

Foi um fato inédito na história econômica do Brasil a assinatura de um tratado objetivando a constituição de um mercado comum. O Brasill e os demais países-membros do Mercosul optaram pelo objetivo de crescer através da inserção no mercado internacional pela criação de um bloco comum.

O tratado de criação do Mercosul contém um preâmbulo que expõe uma série de objetivos explícitos, orientados por certo modelo de desenvolvimento que expressa a "vontade política de deixar estabelecidas as bases para uma união cada vez mais estreita entre seus povos", o que significa muito mais do que cuidar exclusivamente de mercadorias. Implica também livre trânsito de cidadãos, que podem trabalhar ou estudar nos outros países, bem como a renúncia a fatias importantes de soberania por parte dos países-membros.

Collor de Mello conduziu o Brasil, um país fortemente protecionista, a uma abertura econômica importante, se bem que menos radical que a da Argentina e do Uruguai, e também promoveu uma aceleração do Mercosul. Dispôs-se a levar adiante um plano de integração sub-regional muito ambicioso, comprometendo-se a realizar em apenas três anos e meio um projeto de mercado comum a ser concluído até 31 de dezembro 1994, término de seu mandato.[163]

---

[160] Ver as matérias constantes do *Boletim Cedep/UFRGS*, n. 8, mar. 1991: Negreiros, José. "Mercosul é desafio para empresários"; "Para Itamaraty, sucesso vai depender do setor privado"; "Argentina oferece maior potencial de intercâmbio"; "Rio Grande do Sul espera a redenção econômica". *O Globo*, 30 mar. 1991. p. 21.
[161] Tratado de Assunção, cap. I, art. 1º, que prevê a constituição de um mercado comum em 31-12-1994. *Mercosul: legislação e textos básicos*, 2000:15-34.
[162] Ver Barbosa e César (1994:287-289).
[163] Sobre este tema, ver as seguintes matérias: Vega, Cristina. "Brasil e Argentina aceleram integração". *O Globo*, 16 jun. 1990; Cardoso, Maurício. "Argentina quer criação do mercado comum em cinco anos". *Jornal do Brasil*, 25 jun. 1990; "Collor debate integração em Buenos Aires com Menem". *O Globo*, 4 jul. 1990. Ver ainda as seguintes matérias, constantes do *Boletim Cedep/UFRGS*, n. 12, jul. 1990: "Argentina y Brasil acordaron crear un mercado común". *Clarín*, 7 jul. 1990. p. 12; "Los pueblos quieren bienestar, no ideologías". *Clarín*, 5 jul. 1990. p. 2-3 e 25; "Os perigos de uma integração apressada". *Zero Hora*, 11 jul. 1990, p. 34-35. Ver também as matérias constantes do *Boletim Cedep/UFRGS*, n. 1, ago. 1990: "Brasil e Argentina agilizam integração". *Jornal do Brasil*, 24 ago. 1990. p. 17; Rezek, Francisco, ministro das Relações Exteriores. "Rumo à integração latino-americana". *Folha de S. Paulo*, 2 ago. 1990. p. A-3; Tachinardi, Maria Helena. "Integração dos países do Cone Sul". *Gazeta Mercantil*, 2 ago. 1990. p. 1-2.

Em seu discurso na quadragésima quinta sessão ordinária da Assembléia Geral da ONU, em 1990, o presidente Collor de Mello destacou esse fato, ao dizer:

> Os países amazônicos, os andinos e os do Cone Sul conferem, a cada dia, maior densidade a seu entendimento. Entre esses esforços avulta a determinação dos governos do Brasil e da Argentina de criarem um mercado comum, antes de dezembro de1994. O processo de integração, no Cone Sul, envolve, além do Brasil e Argentina, Paraguai, Uruguai e Chile.[164]

Em julho de 1990, numa reunião de trabalho dos presidentes do Brasil, Collor de Mello, e do Chile, Patrício Aylwin, ficou acertado que seriam iniciadas as negociações para remover os principais obstáculos ao desenvolvimento de intercâmbios econômicos entre os dois países. Segundo a declaração conjunta dos presidentes, o objetivo do acordo era "criar um mercado ampliado para facilitar o intercâmbio de produtos, serviços e fatores produtivos".[165] Entretanto, o Chile tem uma economia mais aberta que os demais países que compõem o Mercosul; além disso, o seu comércio com a região representa menos de 10% do seu volume de comércio total, e o Chile prioriza o relacionamento com os Estados Unidos e a Comunidade Econômica Européia (CEE), que são os seus grandes mercados. Em suma, apesar de o Chile ter sido convidado para participar do Mercosul em 1990, seu governo pediu um prazo para observar o processo, antes de tomar uma decisão definitiva, e acabou optando por não aderir ao Mercosul.[166] As reservas do Chile deram-se principalmente devido a dois problemas: política cambial argentina, e inflação e instabilidade econômica no Brasil. O Chile tinha então, e ainda tem, uma estabilidade monetária considerável, para uma economia exportadora de bens primários, sendo semi-industrializado. Além disso, o país praticava, como ainda pratica, uma tarifa de importação uniforme (igual em relação a todos os produtos) e acatar a proposta do Mercosul exigiria uma mudança radical na concepção da sua política de comércio exterior.

A marcha dos acontecimentos mostrou que o presidente Collor de Mello se equivocou nos prazos e nos objetivos para o estabelecimento do Mercosul,[167] não só por ter desconsiderado as necessidades normais de ajustamento de importantes setores da economia nacional a novas condições de competição, como também por não ter avaliado corretamente o impacto da integração do Cone Sul no próprio processo, incompleto, de integração econômica nacional, entre as diversas regiões do país. Em essência, tudo se passava como se o Mercosul nada mais fosse do que um instrumento adicional de aceleração da liberalização da economia brasileira, sem discrepar, portanto, das grandes li-

---

[164] Em 24-9-1990. *A palavra do Brasil...* cit. p. 513.
[165] Sobre este tema, ver as seguintes matérias: Máximo, Gabriela. "Brasil e Chile acertam passo da integração". *Jornal do Brasil*, 27 jul. 1990; "Países do Cone Sul vão formar zona de livre-comércio em 95". *Jornal do Brasil*, 2 ago. 1990; "Mercado comum une países do Cone Sul". *O Globo*, 2 ago. 1990; Alvarez, Regina. "Zélia faz acordo de integração com o Chile". *O Globo*, 1 nov. 1990; "Chile não quer fazer parte do Mercosul". *Jornal do Brasil*, 24 jul. 1992.
[166] Ver as seguintes matérias, constantes do *Boletim Cedep/UFRGS*, n. 8, mar. 1990: "Apoyo a la iniciativa, pero...Chile no mantendrá independiente su enfoque sobre el Mercosur". *El País*, 22 mar. 1991. p. 8; "Patricio Aylwin manifestó su solidaridad con el Mercosur. *El País*, 27 mar. 1991. p. 2.
[167] Sobre os prazos e as metas do Mercosul, ver: Ceriotto, Luis. "El Mercosur en veremos". *Clarín*, 2 feb. 1992. p. 22-23. *Boletim Cedep/UFRGS*, n. 7, fev. 1992.

nhas do Consenso de Washington. Disse Collor de Mello, a propósito das relações com os Estados Unidos e o hemisfério:

> As relações com os Estados Unidos da América são uma prioridade para o Brasil.
>
> Em meu discurso de posse afirmei a necessidade de eliminar dessas relações a ênfase que até então se dera nas questões comerciais contenciosas.
>
> Tal ênfase encobria o verdadeiro sentido de uma parceria fundada em valores, aspirações e empreendimentos comuns.
>
> (...)
>
> Não nos podemos limitar à solução de problemas circunstanciais: os avanços que fizermos em diferentes áreas devem basear-se numa visão política abrangente e servir para consolidar uma parceria forte e duradoura.
>
> É com esse espírito que saudamos a "iniciativa para as Américas".
>
> Além de suas evoluções conceituais de grande importância — tal como a vinculação entre dívida, comércio e investimentos —, a iniciativa distingue-se, acima de tudo, por sua dimensão de futuro, um futuro que vamos construir juntos.[168]

A menção à Iniciativa para as Américas mostra-se, nesse trecho, como pura retórica, uma autêntica orientação idealizada, porque este projeto não passava de uma imposição: tratava-se de uma iniciativa "para", e não uma iniciativa "com", o que, se fosse o caso, poderia indicar um desejo de cooperação mútua. Assim, Collor de Mello colocava de forma enfática a importância que dava ao relacionamento com os Estados Unidos, situando-o como parceiro prioritário do Brasil.[169] Ressalta, pois, aqui, a predominância do ideal sobre o real, ao considerar uma verdadeira parceria o relacionamento entre Brasil e Estados Unidos, revelando também uma mistura de ingenuidade e confiança excessiva, porque a realidade era, na verdade, a da subordinação pura e simples ao Consenso de Washington.

Em 1991, o presidente Collor de Mello voltou à tribuna da ONU, para pronunciar discurso perante a quadragésima sexta sessão ordinária, vindo, novamente, a mencionar a constituição do Mercosul, agora significativamente acompanhada de uma sinalização em direção à sua compatibilização com a Iniciativa para as Américas, proposta pelo pre-

---

[168] Discurso de Collor de Mello em resposta à saudação do presidente George Bush, na cerimônia oficial de chegada, na Casa Branca, em 18-6-1991. *Resenha de Política Exterior do Brasil*, n. 68, p. 165, 1991.
[169] Ver as seguintes matérias, constantes do *Boletim Cedep/UFRGS*, n. 10, maio 1990, n. 11, jun. 1990: "Bush afirmó que los cambios en el Este no impedirán invertir en América Latina". *Clarín*, 13 mayo 1990. p. 15; "Bush revisa la política hacia América Latina". *El Día*, 7 jun. 1990. p. 13; "Washington prepara un plan de ayuda económica". *Clarín*, 16 ago. 1990. p. 11; "Bush propõe parceria com a América Latina". *O Estado de S. Paulo*, 28 jun. 1990. Economia, p. 1; "Plano Brady vai sofrer reformulação". *Folha de S. Paulo*, 28 jun. 1990. p. B-10; "A íntegra do discurso do presidente Bush". *Folha de S. Paulo*, 28 jun. 1990. p. B-11.

sidente George Bush, com vistas ao estabelecimento de uma área de livre-comércio nas três Américas.[170]

> No continente americano, a Iniciativa para as Américas, hoje conhecida como Plano Bush, é um primeiro sinal de disposição para o entendimento.
>
> Seguindo esse mesmo impulso rumo à uma integração real do continente, Brasil, Argentina, Paraguai e Uruguai firmaram o Tratado para a Constituição do Mercado Comum do Sul, o Mercosul, que já se articula com a Iniciativa para as Américas por meio do Rose Garden Agreement, assinado em Washington este ano.[171]

A Iniciativa para as Américas, lançada pelo presidente Bush em 1990, constituiu-se na primeira parte da proposta norte-americana para criar uma área de livre-comércio hemisférica. No contexto da Iniciativa para as Américas, o governo norte-americano sugeriu o estabelecimento de uma área de livre-comércio a ser caracterizada pela livre circulação de mercadorias, serviços e capitais, incluindo a supressão de tarifas e barreiras não-tarifárias.

A respeito dessa proposta dos Estados Unidos, Batista destacou que Collor de Mello seguiu a orientação do Itamarati e não aceitou discutir a idéia apresentada por Bush, de eventual formação de uma área hemisférica de livre-comércio, de contornos mal definidos, mas com suficiente imantação, pelo simples anúncio, para atrair individualmente alguns países-membros do Mercosul e perturbar o processo de integração sub-regional. Justificou-se, por isso, a cautela brasileira em obter dos demais parceiros no Mercosul o compromisso de só conversarem em conjunto com os Estados Unidos a respeito dessa proposta. Devido a essa situação, foi firmado o Acordo 4+1, o Rose Garden Agreement, entre os integrantes do Mercosul e os Estados Unidos, que preservou a integridade do Mercosul, ameaçada que estava pela tentação de alguns de seus membros em negociar bilateralmente com os Estados Unidos, no quadro da Iniciativa Bush, sobre matérias objeto do Tratado de Assunção.[172]

De acordo com essa posição, um relatório publicado pelo Banco Mundial (Bird) via alguns riscos na corrida de governos latino-americanos para assinar acordos de livre-comércio com os Estados Unidos. O estudo feito por dois economistas do Banco Mundial sugeria que o principal perigo para a região estava na negociação separada de acordos de livre-comércio com os Estados Unidos por parte de governos latino-americanos. Isso poderia fazer com que os produtos norte-americanos suplantassem os produtos latino-americanos no comércio dentro da região. Sugeria ainda que a maioria dos governos latino-americanos deveria priorizar acordos comerciais entre si, e não com os Estados Unidos. Uma união aduaneira em que houvesse uma tarifa externa comum, como acontecia

---

[170] Sobre este tema, ver as seguintes matérias: "Collor e Zamora querem agilizar a ação do Plano Bush". *O Globo*, 15 ago. 1990; Passos, José Meirelles. "Acordo de integração reunirá EUA, Brasil e mais três países". *O Globo*, 26 out. 1990; Cardoso, Maurício. "Cone Sul deverá formar Mercado Comum em 95". *Jornal do Brasil*, 21 fev. 1991; Brum, Friederick. "Mercosul negocia livre-comércio com EUA". *Jornal do Brasil*, 28 abr. 1991.
[171] Em 23-9-1991. *A palavra do Brasil...* cit. p. 535.
[172] Batista, 1993a:111-122.

na CEE, podia ser preferível aos acordos de livre-comércio, nos quais não é negociada nenhuma tarifa aduaneira comum.[173]

Além disso, o Acordo 4+1 foi um exemplo de estratégia adequada à nova cena global, que se caracterizava pela construção de grandes espaços preferenciais, com base em cooperação econômica, mas que iam muito além dela, tal qual a União Européia, e assim como pretende ser o Mercosul.[174] Na medida em que esses espaços definiam novas regras de relacionamento entre seus membros, em detrimento de terceiros Estados, podíamos visualizar, na hipótese mais pessimista, sua transformação em fortalezas inexpugnáveis. A única resposta que os países do Sul encontravam, diante das novas perspectivas que se desenhavam no sistema internacional, eram os esforços de criação de espaços próprios, capazes de dialogar com essas grandes e fortes construções econômicas do Norte.[175]

Em 1992, o ministro Celso Lafer, ao discursar na quadragésima sétima sessão ordinária da Assembléia Geral da ONU, destacou o Mercosul como a plataforma de inserção internacional do Brasil:

> O Brasil é um país voltado para o comércio com todas as regiões do mundo. Leva adiante sua modernização econômica, com a liberalização do comércio e a abertura ao exterior. A bom termo chegam as negociações com os credores internacionais. Buscamos no Mercosul a indispensável base regional para viabilizar nossa inserção competitiva no mundo.[176]

Este texto dá a impressão de que o Mercosul era também visto pelo Itamarati como um exercício para a política moderna de abertura e reformas, o que realmente aconteceu no governo Collor de Mello.

Na primeira reunião de trabalho do Mercosul, em Brasília, em dezembro de 1991, afirmou o presidente da República: "estamos criando condições, com a modernização de nossas economias, para que a América Latina venha a se transformar num dos protagonistas do novo cenário econômico mundial".[177] Percebe-se aqui a aspiração do Brasil à liderança da América Latina, nesse novo cenário internacional.

---

[173] Fidler, Stephen. "BIRD vê risco em acordo separado com os EUA". *Gazeta Mercantil*, 30 jan. 1992. p. 2. *Boletim Cedep/UFRGS*, n. 6, jan. 1992. (Comentários transcritos do *Financial Times*, sobre o estudo "Free trade agreement with the United States: what's in it for Latin America", de Refik Erzan e Alexander Yeats.)

[174] Ver o discurso de Collor de Mello no jantar oferecido em homenagem a Menem, no Palácio Itamarati, em 19-8-1991. *Resenha de Política Exterior do Brasil*, n. 69, p. 71-73, 1991. Nesse discurso, destacam-se os resultados alcançados pelo Mercosul em tão curto espaço de tempo, tais as perspectivas que se abriram para a região e para o hemisfério como um todo.

[175] Sobre este assunto, ver: Greiff, Peter R. "Uma nova visão: blocos comerciais criam oportunidades e não entraves". *Gazeta Mercantil*, 5 fev. 1992. p. 2. *Boletim Cedep/UFRGS*, n. 7, fev. 1992.

[176] Em 21-9-1992. *A palavra do Brasil...* cit. p. 549. Ver também o discurso de Celso Lafer, na abertura do seminário "Os desafios da integração hemisférica", no Rio de Janeiro, em 21-8-1992. *Resenha de Política Exterior do Brasil*, n. 71, p. 53-57, 1992. Nessa ocasião, Lafer analisou a integração hemisférica como uma questão de desafio e oportunidade para o Brasil.

[177] "Países do Mercosul recorrem ao BID para ampliar comércio". *O Globo*, 18 dez. 1991. Ver também: Filipon, Jane; Nunes, Pamela. "Mercosul terá livre comércio até 94". *O Estado de S. Paulo*, 27 jun. 1992; "Mercosul é o foco de atenção no GATT". *Jornal do Brasil*, 14 jul. 1992; "EUA versus Mercosul no GATT". *O Globo*, 14 jul. 1992.

Com essa argumentação, Collor de Mello colocava o Mercosul como "a solução", como proposta construtiva de um presente e um futuro melhores, num cenário desfavorável e adverso.

Considerações finais

Durante o governo de Collor de Mello, o processo de integração bilateral entre Brasil e Argentina foi aprofundado e ampliado com a criação do Mercosul, mediante a incorporação de Uruguai e Paraguai. O Uruguai estava vinculado à Argentina e ao Brasil por meio de acordos parciais no âmbito da Aladi, quais sejam, o Convênio Argentino-Uruguaio de Complementação Econômica (Cauce) e o Protocolo de Expansão do Comércio Brasil e Uruguai (PEC). A participação do Paraguai correspondia às estreitas vinculações políticas, comerciais e energéticas com Argentina e Brasil, fatos oriundos inclusive dos empreendimentos de Itaipu, com o Brasil, e de Yacyretá, com a Argentina.

Essa experiência revestiu-se de particular importância para as relações presentes e futuras entre os países sul-americanos. Segundo Rubens Barbosa e Luís Panelli César:

> O aprofundamento e a aceleração do processo de integração bilateral foram, em grande medida, estimulados pelo novo clima de liberalização econômica e de abertura externa observado em ambos os países no período recente. Mas é preciso também notar que o processo negociador da integração ocorre num momento particularmente difícil nos cenários interno e externo, marcado por ensaios sucessivos de ajuste econômico antiinflacionário e por uma conjuntura internacional especialmente severa para com a América do Sul.[178]

Pode-se considerar que os prazos acordados para o Mercosul foram demasiado curtos[179] e se vinculavam mais à necessidade dos presidentes do Brasil e da Argentina de estabelecerem objetivos claros e definidos em seus respectivos países, do que à possibilidade concreta de realizar grandes transformações estruturais e de relacionamento na região. As dificuldades principais concentravam-se na inflação, nas distorções de preços e no protecionismo, todas intimamente ligadas às discussões sobre coordenação de políticas macroeconômicas, diminuição das assimetrias de custos e estabelecimento de uma tarifa alfandegária comum, e que basicamente comprometeram o cumprimento dos prazos acordados.[180]

---

[178] Barbosa e César, 1994:294-295.
[179] Rangel, Teresa. "Processo levará dez anos, diz consultor". *Folha de S. Paulo*, 31 ago. 1990. p. B-6; "Excesso de variáveis torna futuro do Mercado Comum imprevisível". *Boletim Cedep/UFRGS*, n. 1, ago. 1990.
[180] Ver sobre o assunto as seguintes matérias, constantes do *Boletim Cedep/UFRGS*, n. 7, fev. 1992: Bogo, Jorge. "Os problemas pendentes do Mercosul: dimensão e caráter". *Gazeta Mercantil*, 7 fev. 1992. p. 5; Totti, Paulo. "Argentina discute economia brasileira e conseqüências nas relações do Mercosul". *Gazeta Mercantil*, 5 mar. 1992. p. 3. Ver também as matérias do *Boletim Cedep/UFRGS*, n. 8, mar. 1992: "Brasil na contramão do Mercosul". *Gazeta Mercantil*, 17 mar. 1992. p. 1 e 23; "Relatório revela dúvida sobre implantação do Mercosul em 95". *Gazeta Mercantil*, 19 mar. 1992. p. 34; Gonzalez, Nora. "Flutuação cambial e instabilidade econômica dificultam integração". *Gazeta Mercantil*, 25 mar. 1992. p. 3.

Outra visão mais otimista sobre o Mercosul considerava que o limite de prazo era precisamente um aspecto positivo desse projeto. Essa argumentação baseava-se nas experiências integracionistas anteriores, que não se concretizaram em sua plenitude, apesar de contemplarem prazos mais longos. Assim, um projeto com quatro anos de prazo, que pode ser apresentado como mérito de uma certa administração, tinha mais possibilidade de receber forte respaldo político por parte dos governos dos países da região, sendo, então, uma grande virtude a estreiteza dos prazos.

Outra de suas virtudes era o fato de os países da região assumirem explicitamente a idéia de que esse processo de integração implicaria custos. Isso também o diferenciava de projetos anteriores e podia talvez indicar a maturidade com que os governos estavam encarando o assunto. A convicção de que existia uma forte vontade política integracionista por parte dos países da região, presumível na medida em que sucessivas administrações de distintos partidos, em cada país, referendaram o processo, trazia esperanças acerca do êxito dos resultados.[181]

Já na percepção de José Serra, deputado do PSDB-SP, os prazos acordados eram irrealistas, principalmente porque os quatro países tinham objetivos diferentes: a Argentina, exportadora de produtos primários; o Uruguai e o Paraguai, economias pequenas, com tendência a funcionar como entrepostos comerciais; o Brasil, pouco propenso a renunciar à sua industrialização.[182]

A crise interna no governo de Collor de Mello interrompeu o avanço do Mercosul. Em maio de 1992, o Congresso Nacional instaurou uma Comissão Parlamentar de Inquérito, para apurar as denúncias de corrupção feitas pelo irmão do chefe do governo contra o ex-tesoureiro da campanha presidencial. Os trabalhos da comissão terminaram por indicar o envolvimento direto do presidente no esquema, concluindo que este recebia vantagens econômicas indevidas. Em setembro de 1992, a Câmara dos Deputados recebeu o pedido de *impeachment* de Collor de Mello, apresentado pela Associação Brasileira de Imprensa e pela Ordem dos Advogados do Brasil. Após afastar-se do governo em outubro, Collor de Mello finalmente renunciou à presidência da República no dia da votação do *impeachment* no Senado, em dezembro de 1992.[183]

Collor de Mello apresentou-se como paladino da modernidade, palavra que, com ele, passou a representar privatização de empresas estatais, desregulamentação e abertura da economia ao capital internacional. Ele se propôs a modificar o perfil internacional do país, partindo da percepção de que, ao se aproximar dos Estados Unidos, poderia almejar tornar-se um interlocutor no cenário internacional. Desse modo, buscou atualizar a agenda de acordo com os novos temas, apontando uma melhor relação com os Estados Unidos e pretendendo despojar o Brasil de um perfil terceiro-mundista. Entretanto, manteve a continuidade com os traços mais marcantes da política exterior brasileira, isto é, o caráter vinculante desta com o modelo vigente de desenvolvimento, orientada agora para suscitar o respaldo externo ao conjunto de reformas econômicas nacionais.

---

[181] Grande parte dessa análise foi elaborada a partir de Beretta, Lorenzo e Paolino (1991).
[182] Tachinardi, Maria Helena. "Tratado deve ser revisto". *Gazeta Mercantil*, 25 mar. 1992. p. 3. *Boletim Cedep/UFRGS*, n. 8, mar. 1992.
[183] "La crisis política de Collor puede afectar el Mercosur". *Clarín*, 29 set. 1992. p. 18. *Boletim Cedep/UFRGS*, n. 2, set. 1992.

Essas modificações introduzidas pelo governo de Collor de Mello e os condicionamentos externos e internos, provavelmente contribuíram para o surgimento de uma certa limitação na autonomia da diplomacia brasileira na formulação da política exterior.

O fim prematuro do governo de Collor de Mello, com o processo de *impeachment* e o questionamento ao pensamento neoliberal que ele formulou, tornou mais complicada a estruturação de um consenso no campo externo. A própria interrupção do ajuste estrutural da economia, com privatizações e liberalização financeira, limitou as reformas no âmbito do comércio exterior, no sentido de maior abertura relativa e trouxe mais debates sobre a formulação da política exterior.

Desse cenário de crise no governo, agravado pela ausência do necessário amadurecimento que requeria um processo de integração, resultou um dilema até hoje presente para o Brasil: transformar o Mercosul de um tópico eminentemente diplomático em um desafio de política econômica nacional.

A retórica discursiva do governo de Collor de Mello enfatizou as transformações nos cenários externo e interno, situando-as como um momento histórico de crise que poderia ser revertido com a criação do Mercosul. Seu fascínio pelos Estados Unidos contribuiu para inserir o Mercosul no marco da Iniciativa para as Américas, pretendendo aproximar-se mais daquele país, devido a sua percepção do que, segundo alguns autores, podemos chamar de "a ilusão norte-americana", de que ali encontraríamos o modelo para nossa organização econômica e cooperação para a solução de nossos problemas.

Em suas falas, Collor de Mello utilizou como pano de fundo a crise interna e externa, enfatizou as tensões e os desafios a enfrentar, criou uma imagem forte e uma urgência em reverter esse quadro adverso que se apresentava para o Brasil. Para vencer essa batalha, ele se propôs a realizar a modernização do país no marco da liberalização econômica e fortalecendo a posição do país com o Mercosul. A sua proposta de mudança ocorreu de forma abrupta: a entrada do país na modernidade, representada pela abertura de mercado, sendo o Mercosul a âncora para as reformas que ele pretendia realizar.[184]

Collor de Mello, em suas falas, enfatizou os aspectos positivos da integração do Cone Sul, visando, talvez, criar uma situação em que o processo se realizaria de forma rápida, e omitiu os aspectos negativos, que exigiriam uma integração mais lenta e de forma gradual. Entretanto, apesar do processo integracionista do Cone Sul ter sido acelerado, não mudou o fato de que a integração se faz de forma gradual, sem queimar etapas, e, por isso, a concretização do mercado comum não ocorreu.

Nesse governo, a configuração mítica do Mercosul vincula-se às falas de Collor de Mello, que enfatizavam os seus atributos de líder com condições de modificar, segundo a sua percepção, a situação de atraso em que o país se encontrava. Esse apelo ao "chefe salvador, restaurador da ordem" aproxima-se do discurso mítico do *Salvador*, conforme Girardet.[185]

---

[184] Arbex, José. "Itamaraty perde o rumo na política externa". *Folha de S. Paulo*, 12 jan. 1992. p. 1-8; Castrioto de Azambuja, Marcos, secretário-geral de Política Exterior do Itamarati. "Sobre os rumos da política externa brasileira". *Folha de S. Paulo*, 17 jan. 1992. p. 1-3. *Boletim Cedep/UFRGS*, n. 6, jan. 1992. A segunda matéria consiste na resposta às críticas feitas na primeira matéria sobre os rumos da política externa brasileira.
[185] Girardet, 1987:11.

O seu açodamento em implementar o Mercosul, que seria um instrumento para remediar uma situação de crise econômica, cuja gravidade tendia para o exagero nos discursos políticos, mobilizou diversas forças para a sua realização. Esse tipo de mobilização, segundo Girardet, é uma das características do mito, que, como narrativa de caráter explicativo, é também potência mobilizadora.[186]

O embate discursivo principal do governo de Collor de Mello era entre a modernidade e o atraso. Com o Mercosul, a abertura econômica pôde ser implementada com mais facilidade em função de um objetivo maior, o de integrar os países do Cone Sul e, futuramente, a América do Sul.

Discursivamente, pode-se vislumbrar que, nesse governo, o Mercosul funcionou como um mascaramento do projeto político real, que era a implantação das idéias neoliberais do Consenso de Washington. O Mercosul configurou-se em mito, apresentando um caráter mobilizador, como poderosa força política no sentido de implantar as reformas neoliberais no Brasil.

Essa situação de crise que deveria ser superada espelhava-se nos discursos do governo de Collor de Mello, na forma de leituras simplistas, ingênuas, oportunistas e conspirativas da ordem internacional e do lugar do ali ocupado pelo Brasil. Tais discursos apresentavam invariavelmente o viés da modernidade como processo de salvação, em que o salvador-presidente se investiu de uma máscara heróica, às vezes um tanto grotesca, de um herói que projetava no corpo, praticando o *jogging*, mensagens estampadas nas camisetas, como sentenças-fragmentos de um discurso geral, em que se fazia a prestidigitação de um tempo de mudanças, quando, em verdade, pouco se caminhava em matéria objetiva, senão vindo ainda a aumentar os impasses de sempre, mostrando ocorrer nessa presidência uma certa fuga da realidade. E o plano internacional, com o Mercosul, não foi tratado de modo diferente.

Assim, o Mercosul, como um mito, permitiu a identificação do país com um projeto que englobou propostas e promessas de longo e curto prazos, de valores, de representações, articulando esses elementos e projetando-os numa visão de futuro comum com os países do Cone Sul.

---

[186] Girardet, 1987:183.

CAPÍTULO 4

Avanços e recuos da integração do Cone Sul nos discursos políticos do governo de Itamar Franco[187]

Os novos cenários nacional e internacional

As orientações idealizadas do Mercosul, traduzidas nos discursos políticos, persistem no governo de Itamar Franco. As deformações discursivas haveriam de encontrar abrigo nos constrangimentos herdados do tumultuado final do governo antecedente, em meio a outras prioridades e urgências que o próprio país lhe impunha, não fossem produzir-se, também, como resultado da própria personalidade do presidente. Itamar Franco apresentava um perfil diverso de seu antecessor, com projetos e preocupações diferentes, assim como percepções distintas da conjuntura interna e externa.

Em contraste com o perfil extrovertido de Collor de Mello, Itamar Franco, com seu jeito simples, era visto como um homem honrado, afável e cheio de boas intenções.[188] Dada a imagem pública tão negativa do presidente anterior, Itamar Franco muito se esforçaria para emitir um discurso pessoal que em tudo o fizesse diferir de seu antecessor, em busca de um espelhamento[189] público distinto. Entretanto, a opinião pública[190] e as lideranças políticas partilhavam a percepção de que o comportamento e os pronunciamentos do presidente Itamar Franco contribuíam para aumentar as dificuldades que o país atravessava no plano interno, com a crise político-econômica, e no plano externo, com a nova ordem internacional.

Segundo a avaliação do deputado Delfim Neto, do PPR paulista: "O presidente é excessivamente ansioso. A ansiedade faz com que ele tumultue a sua administração e, em vez de resolver problemas, acabe criando novas dificuldades, sem solucionar as ve-

---

[187] Itamar Augusto Cautiero Franco foi presidente da República de 29-12-1992 a 1-1-1995, após haver ocupado interinamente o cargo, durante a abertura do processo contra o presidente Collor de Mello e a instauração da Comissão Parlamentar de Inquérito, na Câmara dos Deputados.
[188] "A crise é maior que o presidente". *Veja*, 19 maio 1993. p. 20-23. *Boletim Cedep/UFRGS*, n. 10, maio 1993.
[189] O "espelhamento" em causa é um conceito clássico da semiologia, segundo o qual um interlocutor busca emitir uma mensagem que provoca um sentido esperado de "construção" de sua imagem na consciência dos que com ele dialogam. De outro modo, é a construção da maneira como deseja ser visto. Ver, a propósito, Veron (1983, passim).
[190] "A crise é maior que o presidente". *Veja*. cit. Numa pesquisa realizada pelo Instituto de Opinião Pública, de São Paulo, na qual foram ouvidas 4.592 pessoas em 11 capitais, a maioria (43%) dos entrevistados considerou que, com seus atos e palavras, Itamar Franco contribuía para aumentar a crise que o país atravessava.

lhas".[191] Já na percepção do ex-ministro Mario Henrique Simonsen: "A atuação de Itamar é irrelevante. A crise do Brasil é resultado de um projeto político errado, de algo que vem desde a Nova República e que teve como principal conseqüência a Constituição de 1988".[192]

Fiel à sua personalidade e mais preocupado com os complexos problemas internos que teve de administrar numa situação de crise, agravada pela incerteza política, o vice-presidente Itamar Franco assumiu o lugar do presidente Collor de Mello, devido ao *impeachment* que este sofreu e em razão do qual foi obrigado a se demitir por escândalos de corrupção.

Apesar de o processo de *impeachment* haver sido conduzido dentro de um quadro de estabilidade institucional, o cenário interno do país apresentava-se em crise, sendo o problema mais urgente o combate à inflação. Durante sua gestão, o ministro da Fazenda Fernando Henrique Cardoso[193] propôs o Plano Real, para terminar com a hiperinflação e instaurar a estabilidade econômica, no que seria bem-sucedido.

Na política internacional, o presidente Itamar Franco foi modesto e contido na sua diplomacia presidencial, mesmo naquela vinculada à agenda obrigatória dos presidentes da América Latina em geral. No que concerne ao Mercosul, ele cumpriu as exigências da diplomacia regional, comparecendo a todas as reuniões presidenciais.[194]

Esse momento histórico do Brasil está retratado no seguinte pronunciamento do ministro das Relações Exteriores, Fernando Henrique Cardoso, sobre o quadro internacional e sua influência na condução da agenda externa do país:

> O momento em que assumi o Ministério das Relações Exteriores coincidiu com uma grande transformação no Brasil. Esse aspecto constituiu-se em fator de importância no relacionamento externo. Mais do que nunca, reafirmou-se internacionalmente com a crise do *impeachment* a idéia de que somos uma sociedade que deseja firmemente preservar a democracia.
>
> (...)
>
> Mas antes dessa mudança interna, com o início do governo Itamar Franco, houve uma profunda mudança no cenário internacional. Rompeu-se toda a organização do equilíbrio mundial centrado na bipolaridade e no medo do holocausto nuclear. O Brasil havia conseguido, a despeito da precariedade da antiga ordem, desenvolver uma estratégia de inserção política no âmbito internacional que lhe garantiu certos nichos de ação. Não se alinhou a blocos, exceto em determinados períodos e em circunstâncias históricas muito particulares, e tampouco partilhou de posições de neutralidade ativa. Mas teve uma presença externa equilibrada, construtiva, com resultados. Suas opções em favor da paz não foram mera contemplação, e nem o país deixou de ser ativo em tudo o que diz respeito aos temas de desenvolvimento.
>
> Hoje, já não dispomos desse quadro, pois não existe a ameaça de conflito atômico global. O novo quadro criado com o fim da guerra fria desafia a diplomacia brasileira a

---

[191] *Veja.* cit.
[192] Ibid.
[193] Fernando Henrique Cardoso foi ministro da Fazenda de 21-5-1993 a 5-4-1994.
[194] Danese, 1999:390.

buscar um outro tipo de inserção. Se não temos mais as vantagens relativas de jogar com a dualidade de poderes, também nos deparamos com uma situação em que a nova ordem não está configurada. Naturalmente, restou uma superpotência, que acumula soma incontestável de poder militar, atômico, econômico e tecnológico.[195]

Essa avaliação refere-se a um período de aproximadamente sete meses, no início do governo de Itamar Franco. Em linhas gerais, acham-se aí contempladas as vertentes principais do período, iniciando com a afirmação de que a preservação da ordem democrática, nesse momento de crise no governo, constituiu um fator positivo para a imagem do Brasil no mundo, não obstante a renúncia de Collor de Mello, que não deixou também de ser um escândalo internacional.

Mais adiante, ele destacou a influência dos fatores externos na política internacional brasileira e pode-se supor que, na sua percepção, o Mercosul se constituiu num momento histórico específico e foi um instrumento de política externa que contribuiu para a inserção do país no panorama mundial.

Entretanto, no último parágrafo desse trecho de sua avaliação, o ministro Fernando Henrique Cardoso indicou que o cenário internacional mudou porque os Estados Unidos se tornaram a potência hegemônica e havia a necessidade de o país buscar uma nova forma de inserção internacional. Existe aqui, talvez, uma sugestão de maior aproximação com a potência hegemônica que já se havia iniciado com o Acordo 4 + 1, entre o Mercosul e os Estados Unidos.

A importância dessa fala prende-se ao fato de que ela contribui para um melhor entendimento das bases do pensamento estratégico do governo de Itamar Franco. O novo governo deparava-se com uma nova ordem internacional ainda não totalmente configurada, de acordo com o assinalado no último parágrafo, e dentro desse novo quadro ele tinha de buscar uma nova forma de inserção internacional. Entretanto, deve-se reparar que Cardoso alude a novos fatos que se desenrolavam havia algum tempo, como o fim da Guerra Fria, que se passara no governo anterior, apropriando-se, pela atualização discursiva, de problemas que não eram novidade a enfrentar, de todo, pelo governo a que servia.

Mercosul versus *Alcsa*

O sucessor de Cardoso na pasta das Relações Exteriores, ministro Celso Amorim, assim enunciou as principais opções da política externa do governo Itamar Franco, ressaltando a prioridade para o desenvolvimento do país e o relacionamento com os vizinhos sul-americanos:

> A primeira característica da política externa do Governo Itamar Franco é a de que não tem rótulos. De forma simples e direta está voltada para o desenvolvimento do País, para a afirmação de valores democráticos e tem sentido universalista. É uma política externa sem alinhamentos outros que não aqueles que estejam ligados à ética e aos interesses do povo brasileiro.

---

[195] Cardoso, 1993:4. Fernando Henrique Cardoso foi ministro das Relações Exteriores de 5-10-1992 a 20-5-1993.

(...)

A política externa do Brasil não tem, portanto, vertentes excludentes. Obedece, dir-se-ia, a uma inserção estelar, que se dirige em vários sentidos e direções. E, nessa diversidade, o que lhe dá coerência são os valores que a sustentam. Isso evidentemente não exclui prioridades ou ênfases, e vou referir-me a algumas.

A primeira prioridade é a América do Sul. Em nossa circunstância, estamos empenhados em levar adiante o ambicioso plano, com correções que se façam necessárias com o tempo, da integração no marco do Mercosul. Neste marco, temos uma relação privilegiada com a Argentina, parceiro econômico e político fundamental.[196]

A visão do ministro Celso Amorim privilegiou o fator interno como o de maior influência na política externa brasileira. Assinalou o caráter multilateral da política externa, priorizou a América do Sul e criticou a implementação do Mercosul que, segundo ele, seria passível de ajustes. A referência à Argentina foi óbvia porque o Mercosul gravita em torno do Brasil e da Argentina. A menção à ética é um esforço de distinguir o governo a que servia do outro que o antecedeu, mas o ministro não dissocia a ética das relações externas. Por fim, vêem-se afirmações um tanto nebulosas, pois conceitos emitidos, como "sentido universalista" e "inserção estelar", obviamente ficavam comprometidos, ou, pelo menos, limitados, diante do fato de que a "primeira prioridade é a América do Sul", naquela altura já com o compromisso de bloco firmado. O trecho dá, no mínimo, a impressão de uma certa falta de vigilância.

Tanto a análise de Fernando Henrique quanto a de Celso Amorim ofereciam indicações quanto ao rumo a seguir: fortalecer e consolidar o Mercosul, aprofundar o multilateralismo, implementar a integração no marco dos Estados Unidos, mas não diziam como as operações práticas deveriam ocorrer.

Discursando no Itamarati, Itamar Franco traçou as linhas básicas da política exterior brasileira:

Na construção da sociedade justa a que aspiramos, a política externa tem papel decisivo.

As características centrais da nossa diplomacia sempre foram a defesa dos interesses nacionais, o respeito aos compromissos assumidos, a tradição de uma ação coerente no tempo e sobretudo a visão de futuro.

A nova agenda da política externa brasileira conserva esses valores, ao mesmo tempo em que inaugura uma interação mais íntima com as forças vivas da sociedade. Os contatos com os meios empresariais, acadêmicos, políticos e culturais têm contribuído para que a chancelaria expresse de modo mais fiel os interesses e anseios da nação brasileira.

O direito soberano dos Estados, a solução pacífica das controvérsias, a consolidação da democracia, a superação da pobreza com distribuição eqüitativa da riqueza, o pleno

---

[196] Amorim, 1994:16.

respeito aos direitos humanos, a busca do desenvolvimento sustentável, a garantia de condições de competição internacional para nossa economia, todos esses são ideais compartilhados pela sociedade, que nos apontam os rumos a tomar e os objetivos gerais a perseguir no plano internacional.

A capacidade de sempre atender às necessidades da sociedade mantém a credibilidade e a legitimidade da política externa.

O final da Guerra Fria alterou a distribuição do poder mundial. No plano político, sobressaem a necessidade de maior cooperação multilateral e a aplicação do ideal democrático em nível internacional. No plano econômico, a tendência à globalização não deve levar-nos a ignorar as disparidades e assimetrias que distanciam os mais desenvolvidos do resto do mundo.

Ao mesmo tempo convivemos com os riscos, por um lado, da regionalização excludente, e, por outro, da dramática e explosiva fragmentação de antigos espaços políticos.

Para atuar em consonância com o interesse nacional, a diplomacia brasileira deve orientar-se pelo realismo. Precisará mobilizar a experiência acumulada e a sagacidade que vêm caracterizando a sua ação para procurar influenciar o jogo político e econômico internacional em favor de nosso desenvolvimento.

(...)

Ao refletir sobre o que deve ser uma pauta de política externa brasileira identifico claramente algumas prioridades:

— A defesa do tratamento multilateral e nos seus foros apropriados dos grandes temas internacionais — políticos e econômicos — assim como uma maior transparência e democratização no acesso ao processo decisório internacional.

— O reforço do sistema multilateral de comércio, que poderá ser obtido por uma conclusão satisfatória da Rodada Uruguai, para cujo sucesso já foram dedicados tantos anos de esforços negociadores.

— A consolidação de nosso processo de integração regional, que nos abre novas perspectivas e oportunidades no campo econômico e comercial, e que deverá reforçar a base política com que poderemos contar para o apoio a nossos pontos de vista no cenário internacional.

Essas vertentes da atuação diplomática brasileira se unem na construção de um novo sistema internacional, mais eqüitativo e mais apto a atender às necessidades dos países em desenvolvimento.

(...)

Somos um país que deseja a integração.

Nesse sentido, será preciso valorizar nossa própria região. A América Latina, em particular a América do Sul, sempre foi e deve continuar a ser área privilegiada de atuação de nossa política externa.

Devemos não apenas levar adiante o êxito do Mercosul em termos de aproximação política entre seus membros, de fortalecimento da democracia e de reforço da competitividade.

É exemplo a ser valorizado.

Trata-se de iniciativa que não pode subordinar-se às flutuações da conjuntura econômica ou política.

No campo regional mais amplo, temos em nossas relações bilaterais importante acervo a ser preservado e enriquecido.

O relacionamento com os Estados Unidos mantém-se em patamar próprio de densidade e importância.

O evidente peso dos Estados Unidos no cenário internacional e a intensidade de nossas relações tornam fundamental que os entendimentos com esse país, hoje nosso principal parceiro individual, sejam marcados pela fluidez e pela maturidade de diálogo.

É sólida a base de nossas relações com a Europa. O Velho Continente faz parte de nossas origens. Temos, com os países europeus, relações tradicionais, e esperamos que as perspectivas de expansão econômica da Comunidade Européia prenunciem novas oportunidades para o nosso intercâmbio.[197]

Em sua fala, Itamar Franco enfatizou a influência dos fatores internos na política externa, propondo a participação da sociedade nas diretrizes daquela política. Vislumbramos aí a preocupação em dar legitimidade às ações da política externa, em decorrência do *impeachment* de Collor de Mello.

Além disso, entre os valores que sustentam a política externa brasileira, ele mencionou a soberania, sem se referir à questão da cessão relativa de soberania que ocorre ao se aprofundar um projeto integracionista.

Diante das novas configurações no cenário internacional, Itamar Franco chamou a diplomacia para buscar novas formas de inserção para o país. Ele indicou os caminhos que a diplomacia deveria trilhar, entre os quais figurava o Mercosul consolidado como instrumento de política externa. Mais adiante, observamos uma incoerência, quando ele mencionou que o Mercosul não podia "subordinar-se às flutuações da conjuntura econômica ou política", porque as flutuações da conjuntura econômica ou política do Brasil e/ou da Argentina comprometem o Mercosul, como se isso não fosse mesmo de todo possível, dados os quadros internos do Brasil e da Argentina: inflação difícil de controlar e disparidades abissais de renda num país; irrealidade cambial e atraso industrial, no outro etc.

Destacamos, nessa fala do presidente, a menção à participação da sociedade civil junto à diplomacia na agenda da política externa brasileira. Também em relevo a referência à pobreza que, em seus desdobramentos, vai influenciar os rumos da política exterior.

Acreditamos que a recorrência do tema do fim da Guerra Fria, com a emergência de uma só superpotência, foi introduzida nessa fala para chamar atenção para os riscos reais da regionalização excludente e da fragmentação. O chamamento para uma atuação mais eficaz da diplomacia foi pura retórica, porque a diplomacia nada, ou muito pouco, podia fazer, numa situação fraca, como era, efetivamente, a do Brasil, no concerto do mundo de então.

---

[197] Em 27-4-1993, durante cerimônia de formatura da turma de 1992, do curso preparatório da carreira diplomática do Instituto Rio Branco. "América do Sul é prioridade para o Brasil". *Gazeta Mercantil*, 28 abr. 1993. p. 3. Boletim Cedep/UFRGS, n. 9, abr. 1993.

O presidente Itamar Franco retomou a vertente política do Mercosul de forma que o país passaria a falar em bloco, o que aumentaria as chances de ter as suas demandas atendidas.

A menção à Europa e aos Estados Unidos parece-nos irreal, porque os entendimentos com ambos, apesar de importantes, não fluíam com facilidade. Os Estados Unidos não viam com bons olhos o Mercosul, que, de certa forma, se apresentava como um obstáculo a suas pretensões de uma área de livre-comércio hemisférica. Uma parceria mais ampla com a Europa só seria realizada com a União Européia quando o Mercosul fosse uma união aduaneira e, assim mesmo, o processo envolveria difíceis negociações, principalmente em face do forte protecionismo europeu na agricultura.

De certa maneira, Itamar Franco promoveu expressiva alteração na política externa e na estratégia de abertura econômica. Quando ele assumiu o governo, o projeto de política exterior apresentava-se com dupla orientação: numa direção, o neoliberalismo; e noutra, o desenvolvimentismo.

Nessa época o país retornou, parcialmente, ao protecionismo, premido pela evasão cambial devido à falta de restrições às importações, que vinha desde o governo anterior. Ao fim de alguns meses, o presidente começou a imprimir uma política exterior que, em linhas gerais, mantinha o que havia sido estabelecido no governo anterior, embora ressaltando a condição do Brasil, diante dos compromissos assumidos, como país em desenvolvimento, sujeito, pois, às injunções que lhe eram inerentes.

A crise interna exerceu um efeito de retração sobre a política exterior e levou à retomada de algumas linhas tradicionais da política exterior dos anos 1970, o que gerou espaços de ação sobre a estrutura burocrática do Itamarati para a manifestação de posições distintas. Em um quadro de condução política de um Executivo surgido em situação de debilidade, com credibilidade deteriorada e falta de experiência no manejo de assuntos internacionais, a margem de manobra da burocracia cresceu. Surgiram duas posições antagônicas no Itamarati, em torno da redefinição das relações com os Estados Unidos. Uma que via na aproximação com a potência um caminho para recuperar a "credibilidade internacional", seguindo o modelo argentino de Menem; e outra, mais tradicional, que propunha a busca de maior autonomia e distanciamento de Washington, explorando também a condição do Brasil como "potência média". Com o surgimento dessas duas posições, rompeu-se a noção de continuidade e consenso que havia dominado a formulação de políticas da chancelaria, em um país onde esta desempenhou, historicamente, um papel muito importante no manejo da política exterior.[198]

Sobre a política externa do governo Itamar Franco, o ministro das Relações Exteriores, embaixador Celso Amorim, ao pronunciar algumas palavras por ocasião da cerimônia de cumprimentos de fim de ano, em Brasília, em 19 de dezembro de 1994, afirmou:

> A política externa do Presidente Itamar Franco foi, como disse, uma política de autenticidade. Uma política de autenticidade não precisa afirmar que é independente. Aliás, hoje em dia, passados vários momentos em que necessariamente tínhamos que afirmar essa natureza, é até uma redundância falarmos em política externa

---

[198] "Uma política externa ainda indefinida". *Gazeta Mercantil*, 12 dez. 1993. p. 1 e 5. *Boletim Cedep/UFRGS*, n. 7, fev. 1993.

independente. A política externa do Brasil é do Brasil e como tal, como conseqüência, ela tem que ser independente.[199]

Mais adiante, no mesmo pronunciamento, o embaixador Celso Amorim destacou:

Durante muito tempo a nossa política externa, pelo menos a política que era percebida pelo grande público, parecia confinada ao Mercosul. Havia, naturalmente, outras iniciativas. Houve o Pacto Amazônico, instrumento que foi muito útil para o Brasil e continua a ser em muitos domínios. Mas havia a idéia de que, em matéria de política comercial externa, que, no final das contas, é o que afeta mais diretamente a vida diária das pessoas, nós tínhamos uma opção exclusiva.

Creio que foi obra do Presidente Itamar Franco mostrar que não era assim. A proposta da Alcsa, a que se referiu Vossa Excelência, que já hoje caminha para a sua concretização através de acordos entre o próprio Mercosul e cada um dos países sul-americanos membros da Aladi, permitiu que a América do Sul, em seu conjunto, fosse redescoberta como área prioritária de ação da política externa brasileira, inclusive de sua política econômica externa. E é talvez fruto da evolução internacional, mas também de nossa própria evolução, que essa prioridade seja percebida pelos nossos parceiros da maneira que ela realmente deve ser. Sem nenhuma pretensão hegemônica, sem nenhuma pretensão de liderança, mas sem também que o Brasil abandone o poder de iniciativa que é natural a um país de nossas dimensões.[200]

Nessa fala, emergiu o questionamento do Mercosul como opção exclusiva da política externa brasileira, porque ele introduziu a idéia da Área de Livre-Comércio Sul-Americana (Alcsa), que aglutinaria os projetos integracionistas do continente. Entretanto, como o governo conjugaria esses aspectos diversos diante da prioridade? A idéia do continente sul-americano integrado não se concretizou, foi um puro elemento de retórica discursiva.

Encontra-se aí ressaltada a influência da política externa na política interna do país e, também, a preocupação do governo em buscar atender aos interesses nacionais através da política externa, de uma forma independente. Além disso, destacamos que, quanto ao tema da integração, apesar de permanecer a prioridade ao Mercosul, vislumbra-se uma vontade política de ampliá-lo, através da proposta da Alcsa.

Em um artigo publicado, Celso Amorim afirmou:

Coube ao Governo Itamar Franco aprofundar o processo de *aggiornamento* da política externa brasileira, em resposta às demandas da vida social e política do Brasil e às transformações do sistema internacional. O Itamaraty viu-se desafiado a definir e implementar estratégias capazes de reduzir os riscos e ampliar as oportunidades de uma transição internacional complexa, o que nos levou a estruturar a ação diplomática bra-

---

[199] *Política externa. Democracia. Desenvolvimento.* 1995. p. 112. Celso Luiz Nunes Amorim foi ministro interino das Relações Exteriores de 20-7-1993 a 31-8-1993, e ministro titular de 31-8-1993 a 1-1-1995.
[200] "A diplomacia do governo Itamar Franco: um breve balanço". *Folha de S. Paulo. Política externa...* cit. p. 113.

sileira em torno de três idéias-força: desenvolvimento, democracia e paz. O propósito foi sempre o de colocar a política externa a serviço das necessidades da sociedade e, ao mesmo tempo, contribuir para a construção de um sistema internacional mais conducente à cooperação e ao progresso das nações.

Em sintonia com os esforços de estabilização monetária e de retomada do crescimento econômico do País, a política externa dedicou-se à geração de condições favoráveis ao desenvolvimento nacional. Participamos ativamente das negociações da Rodada Uruguai do GATT, cujo êxito apontará ao comércio internacional maior equilíbrio e estabilidade e, com isso, maior volume de intercâmbio e dos ganhos de todos os países. No plano regional, o Mercosul avançou a passos largos e decididos. O comércio intra-regional cresceu de modo expressivo, a zona de livre-comércio está conformada e, a partir de janeiro, a união aduaneira será uma realidade a beneficiar nossa economia como um todo. Para explorar todas as potencialidades da integração dos mercados sul-americanos, o Presidente Itamar Franco deu partida à Área de Livre-Comércio Sul-Americana (Alcsa), que articulará vários processos integracionistas em curso na América meridional.[201]

Nesta análise, Celso Amorim apresentou o Mercosul como um projeto consolidado a ponto de permitir a expansão da integração para o continente sul-americano. Vislumbra-se aí uma certa fuga da realidade quanto à integração do Cone Sul, constituindo-se numa esperança tão-somente fundada numa orientação idealizada, no sentido de que a ampliação de um projeto com muito a consolidar pudesse servir de fulcro das relações externas brasileiras, da mesma forma que idealizada também era a intenção de cuidar simultaneamente de empreendimentos gigantescos (política externa e retomada do crescimento econômico; Gatt, Mercosul, Alcsa etc.).

A relação entre política externa e política interna é destacada de forma recorrente, assinalando que a política externa buscará promover a retomada do desenvolvimento do país e promover a sua inserção internacional, estruturada em três vertentes principais: desenvolvimento, democracia e paz. Permanece, também, a prioridade dada ao Mercosul, destacando os progressos alcançados no comércio intra-regional, e retorna, nessa fala, a idéia da Área de Livre-Comércio Sul-Americana apresentada como uma expansão do Mercosul.

Em 1993, o ministro Celso Amorim, em seu discurso na quadragésima oitava sessão ordinária da Assembléia Geral da ONU, condensou o pensamento do Itamarati sobre as grandes tendências do sistema internacional e sobre algumas questões conjunturais relevantes.[202] Ele também valorizou a democracia brasileira e apontou as circunstâncias que haviam conduzido ao afastamento de Collor de Mello como reveladoras de sua solidez. No mesmo discurso, criticou a relativização do princípio da soberania, por ele colocado como um retrocesso na democratização das relações internacionais:

> O firme envolvimento da comunidade de nações na luta pelo desenvolvimento deve ser consentâneo com o princípio da soberania dos Estados. O Brasil entende que o Estado nacional soberano é a base da ordem jurídica e política internacional e que seu debili-

---

[201] *Política externa...* cit. p. 17.
[202] Fonseca Jr. e Castro, 1994:11.

tamento não pode ser promovido sob pena de solapar as bases da representação internacional e do multilateralismo. Uma relativização do princípio da soberania — que aliás nunca é argüida com relação aos países poderosos — levaria a retrocessos na democratização das relações internacionais. Nesta fase, em que estamos construindo o futuro da convivência multilateral, não devemos permitir que as assimetrias de poder entre as nações venham a substituir, na prática, a igualdade jurídica entre os Estados.[203]

Nesse discurso, o governo brasileiro está preocupado com novos conceitos, alguns "sob a capa humanitária da moralidade, como suposto 'dever de ingerência' e a 'boa governança', ao lado de visões renovadas de velhas políticas, como o protecionismo".[204] Mas a preocupação maior do governo é com os conceitos que visam à relativização do princípio da soberania "nunca argüida em relação aos poderosos", como comentou o ministro. O trecho mostra o quanto é sensível para o Itamarati, no governo Itamar Franco, a questão da soberania relativa, num mundo internacional que se renova, ainda mais que a questão é pertinente à política em marcha no Cone Sul.

O princípio da soberania envolve a questão da supranacionalidade no Mercosul, que emerge como um dos pontos principais a caracterizar a oposição entre o discurso, de orientação idealizada, e a realidade. Vislumbra-se que a criação de organismos supranacionais não é vista com bons olhos pelos governos nacionalistas dos países-membros do Mercosul.

A falta de unidade entre os países-membros do Mercosul fundamenta-se principalmente nos custos e benefícios que os Estados teriam de assumir. Esta parece ser uma questão delicada, porque exige dos países signatários um posicionamento direto quanto aos aspectos socioeconômicos que cada um deles enfrenta. Nenhum deseja sujeitar-se a ter de adotar, por exemplo, outra moeda, por temer a perda de sua identidade como país e, por conseguinte, da própria soberania.[205]

Na opinião de Guido Fernando da Silva Soares, conselheiro do Ministério das Relações Exteriores, "a instituição do Mercosul deverá esbarrar principalmente na questão da supranacionalidade", pois o Estado brasileiro não tem demonstrado boa vontade em aceitar a ingerência de um tribunal internacional em seus assuntos internos.[206]

Segundo o embaixador Rubens Barbosa, subsecretário-geral de Integração, Assuntos Econômicos e Comércio Exterior do Itamarati, a preocupação com a soberania limitada se colocará quando novas formas de integração mais profundas forem negociadas no contexto do Mercosul. Na sua percepção, este será um problema de delegação de competência, e Barbosa salienta que o Brasil perderá algo se se autolimitar em política econômica, financeira, monetária ou qualquer outro tipo de política discutida entre os quatro países do Mercosul.[207]

---

[203] *A palavra do Brasil...* cit. p. 565.
[204] Ibid. p. 560.
[205] Duarte, Roberto. "As questões envolvendo a soberania podem dificultar a implementação do acordo". *Gazeta Mercantil*, 16-18 out. 1993. p. 5. *Boletim Cedep/UFRGS*, n. 3, out. 1993.
[206] Duarte. cit. A afirmação do conselheiro do Ministério das Relações Exteriores foi feita durante o seminário Mercosul: Desafios a Vencer, organizado pelo Conselho Brasileiro de Relações Internacionais, em São Paulo.
[207] Tachinardi, Maria Helena. "O Brasil e a questão da soberania". *Gazeta Mercantil*", 2-4 set. 1993. p. 5. *Boletim Cedep/UFRGS*, n. 2, set. 1993.

Entretanto, nesse mesmo discurso, mais adiante, apesar da preocupação com a delegação de competência a instituições supranacionais ou intergovernamentais no Mercosul e a questão da soberania, demonstradas no trecho anterior, o ministro Celso Amorim coloca os processos de integração latino-americanos como um projeto político de cooperação e solidariedade internacionais, ao dizer:

> Demonstra-o o vigor dos processos latino-americanos de integração, que, para além dos processos mercantis, expressam de forma concreta um projeto político voltado para a cooperação e a solidariedade internacionais. Tais processos, entre eles o Mercosul, contrastam fortemente com os movimentos de fragmentação observados em outras partes do mundo. [208]

Em 13 de maio de 1994, na Câmara Internacional do Comércio, no Rio de Janeiro, Celso Amorim afirmava que a primeira prioridade da política externa do Brasil era a América do Sul. Segundo ele, o país encontrava-se empenhado em levar adiante o ambicioso plano, com as correções que se fizessem necessárias com o tempo, da integração no marco do Mercosul, particularmente quanto a uma relação privilegiada com a Argentina, parceiro econômico e político fundamental.

> No âmbito regional, o Mercosul é exemplo expressivo e bem-sucedido do esforço de levar adiante o amplo projeto de integração regional. O Mercosul tem-se apresentado, desde sua concepção, como empreendimento que busca adaptar-se às contingências do momento econômico regional e internacional, sem perder de vista o alvo maior da integração latino-americana. Após quase três anos de vida — o Tratado de Assunção que o constituiu data de agosto de 1991 —, o Mercosul tem sido reconhecido como experiência exitosa, o que se expressa sobretudo no incremento das trocas sub-regionais. Como é sabido, as exportações brasileiras praticamente triplicaram nestes últimos três anos; nos nossos dias, cerca de 13% do comércio exterior do Brasil estão orientados exatamente para a Argentina, o Uruguai e o Paraguai. Os fluxos de investimentos se têm intensificado sobremaneira, o que levou os Governos dos quatro países à assinatura, em Colônia, de um acordo quadrilateral de promoção e proteção dos investimentos.
>
> Empenhamo-nos presentemente na conclusão das negociações referentes à Tarifa Externa Comum com vistas a sua implementação em 1º de janeiro de 1995. A partir de 1995, também, estará em vigência plena a zona de livre comércio entre os quatro países. Neste particular, é importante frisar que o Mercosul, desde o início, não configurou projeto fechado, mas constituiu — e constitui — processo que conduz à dinamização integracionista global.[209]

Destacamos, nesta fala, a menção do ministro ao acordo firmado pelos países-membros do Mercosul no que se refere à promoção e proteção dos investimentos, que, provavelmente, buscava corrigir uma situação anterior.

Na opinião da economista Maria da Conceição Tavares, ao ser sacramentado o Mercosul, contra o qual não se ouviu qualquer oposição relevante, do Congresso, da im-

---

[208] *A palavra do Brasil*... cit. p. 567.
[209] *Política externa*... cit. p. 154.

prensa, ou dos sindicatos, a Argentina teria acesso livre a um mercado três vezes maior, e o Uruguai e o Paraguai a um mercado 60 vezes superior aos seus, sem qualquer cláusula efetiva de proteção de investimentos, nem regra prática de verificação da origem de importações. Assim, qualquer montadora (maquiadora) japonesa, coreana ou chinesa, implantada em um dos três países, poderia submeter a indústria mecânica, eletroeletrônica e automobilística sediada no Brasil a um desgaste fulminante.[210]

Vislumbramos, também, que a referência ao "alvo maior da integração latino-americana" vinculava-se à proposta de expansão do Mercosul, visando formar a Área de Livre-Comércio Sul-Americana, que, na opinião de um especialista, constituía a melhor proposta para a adoção de políticas que representavam um esforço coletivo pelo desenvolvimento de um grande bloco de pequenos, tendo por ponto de partida a situação de igualdade dos membros como países subdesenvolvidos.[211]

De início, a proposta de uma Área de Livre-Comércio Sul-Americana[212] gerou uma certa confusão dentro do bloco, pois parecia indicar uma estratégia de negociação independente, incompatível com a vigência da união aduaneira. Passou-se então a contemplar um formato de 4+1, onde os quatro países-membros negociariam com cada país da Associação Latino-Americana de Integração (Aladi) ou grupos de países, com a idéia de se chegar a diferentes acordos e ampliar, assim, a zona de livre-comércio latino-americana.

Acreditava-se que isso, certamente, estabelecia bases realistas e pragmáticas para a cooperação sub-regional. Mas, ao lado desses aspectos econômico-quantitativos, há que observar uma política de largo alcance. Na percepção do governo, uma vez consolidado o Mercosul, tornava-se necessário estender o processo de integração à América do Sul como um todo. Essa região, além de constituir nosso ambiente geográfico e circunstância política, passou a ocupar o primeiro lugar em nossa parceria comercial, seguida pela União Européia e, depois, pelos Estados Unidos.

O novo padrão de relacionamento com a América Latina ligava-se a outra evolução marcante da diplomacia brasileira. A prioridade ao fortalecimento do sistema de comércio internacional baseado em regras multilaterais passou a ter, nas iniciativas de integração regional, sua complementação natural. O Mercosul e a proposta do presidente Itamar Franco de uma Área de Livre-Comércio Sul-Americana, além de sua importância econômica e comercial, tinham profundo sentido político, na medida em que eram expressão concreta do perfil mais dinâmico do Brasil na América Latina.

A prioridade do Brasil à formação de um espaço econômico sul-americano motivou críticas, no sentido de que o país estaria ficando à margem da formação de agrupamentos de maior expressão. Alegava-se, em especial, que o Brasil não estaria dando a devida atenção à proposta norte-americana de formação de uma área hemisférica de livre-comércio, por meio da expansão do North American Free Trade

---

[210] Tavares, Maria da Conceição. "A realidade sobre o Nafta e o Mercosul". *Folha de S. Paulo*, 28 nov. 1993. p. 2-7. *Boletim Cedep/UFRGS*, n. 4, nov. 1993.
[211] Pontes, 2000:858.
[212] Proposta pelo presidente Itamar Franco, no final de 1993, na reunião do Grupo do Rio, em Santiago. Essa proposta foi ratificada na reunião dos presidentes do Mercosul, em Colônia, e foi objeto da análise dos chanceleres da região, em março de 1994.

Agreement (Nafta),[213] ou, alternativamente, de uma rede de acordos bilaterais, tendo os Estados Unidos no centro.

Analisando o Nafta, a economista Maria da Conceição Tavares ressaltava que, ao contrário do Mercosul, o tratado inclui um acordo de proteção de investimentos, que discrimina contra terceiros, para que o México não servisse de mera "plataforma" de exportações de capitais de fora da área, atraídos pela possibilidade de furar o "protecionismo contingente" norte-americano. Aplicando uma regra de origem, pela qual se requeria uma percentagem alta de valor agregado gerado na própria área de livre-comércio — de 60 a 70% para setores mais vulneráveis, como material de transporte e eletroeletrônico —, os norte-americanos e canadenses tentam garantir que sua indústria não será confrontada por montadoras-maquiadoras, sobretudo de origem asiática. Ela comenta que, no nosso tratado de integração no Mercosul, não há qualquer das salvaguardas do Nafta.[214]

Ao discursar em Brasília, em setembro de 1993, afirmou o ministro Celso Amorim:

É evidente que a primeira prioridade, a primeira ênfase que vem à mente é a América do Sul. Na América do Sul, muito especificamente, estamos empenhados em levar adiante o ambicioso plano, com as correções que eventualmente se façam necessárias com o tempo, da integração do Mercosul. É significativo, é uma coincidência, mas é uma coincidência simbólica, que a primeira viagem que farei na qualidade de Ministro de Estado, amanhã, seja à Argentina, país com o qual temos e queremos ter uma relação absolutamente privilegiada.

Essa prioridade se completa por uma iniciativa tomada já no governo Itamar Franco, que é a Iniciativa Amazônica, que estamos propondo além das iniciativas anteriores já existentes em relação a outras formas de cooperação. Ela consiste na negociação de amplos acordos econômicos com os países amazônicos. Creio que não é absurdo sonhar com um espaço econômico sul-americano que nos dê forças para termos uma articulação plena e multifacetada no cenário internacional.[215]

Nota-se, nesse trecho da fala do ministro, a preocupação em estabelecer contrapesos regionais ao Mercosul, visando a integração sul-americana que representaria mais poder no cenário internacional.

Criticando a posição do governo no que se refere à implementação do Mercosul, Ricardo Seitenfus assinala:

No final do ano de 1993, o Governo Federal, especialmente a burocracia diplomática, parece ter alterado sua *nonchalant* inflexão relativamente ao encaminhamento do Mercosul. Foi afastado da cena o principal negociador, Embaixador Rubens Barbosa, porém, mais do que troca de comando, houve uma mudança de estratégia. Pela pri-

---

[213] Aprovado pelo Congresso americano em 1993.
[214] *Folha de S. Paulo.* cit.
[215] Em 2-9-1993, por ocasião da cerimônia de posse do secretário-geral das Relações Exteriores, embaixador Roberto Abdenur, e do chefe de gabinete, embaixador Affonso Ouro Preto. *Política externa...* cit. p. 29.

meira vez o Governo reconhece publicamente a imprevidência de sua atuação pregressa, o que consubstancia-se no evidente fracasso da Reunião de Colônia.

O Executivo admite a inexeqüibilidade dos prazos e os redimensiona. Contudo, justifica-se, ao fazê-lo, alegando que o pretendido pelos governos dos países-membros não era efetivamente a consolidação de um Mercado Comum. Ora, o Tratado de Assunção, em seu Capítulo I, artigo 1, reza que "os Estados Partes decidem constituir um Mercado Comum, que deverá estar estabelecido a 31 de dezembro de 1994, e que se denominará 'Mercado Comum do Sul' (Mercosul)". [216]

Continuando a sua crítica, Ricardo Seitenfus conclui:

O que se vê, nos últimos meses, é o esforço empreendido pelos negociadores, não no sentido de transpor os primeiros obstáculos, mas de contorná-los, como se não fossem concretos e visíveis, a fim de chegar a uma nova etapa de cooperação internacional, como se a primeira já tivesse sido atingida.[217]

A análise de Seitenfus demonstra que houve um certo açodamento no processo integracionista. Como ele assinala, foram contornados ou talvez deixados de lado os obstáculos do Mercosul, ao se passar a privilegiar uma integração sul-americana quando o Mercosul enfrentava dificuldades em seu aprofundamento.

Em diferentes oportunidades, de forma ainda imprecisa, autoridades norte-americanas referiam-se, efetivamente, à intenção de negociar novos acordos de livre-comércio na América Latina. A administração Clinton apresentou, em maio de 1993, a proposta de uma Comunidade de Democracias do Hemisfério Ocidental, na qual foram mantidas três vertentes (comércio, dívida, investimentos) da Iniciativa para as Américas, do presidente George Bush, acrescentando-se ênfase nos aspectos da democracia e direitos humanos.

No entanto, a proposta de uma área hemisférica de livre-comércio era, ainda, genérica e não saiu do plano retórico. Não havia definição se os Estados Unidos pretenderiam abrir o Nafta a novos membros, ou se tencionavam criar uma rede de acordos bilaterais de livre-comércio. Não havia, tampouco, um cronograma de negociações. Assim, a perspectiva de uma área hemisférica de livre-comércio envolvia necessariamente um desdobramento gradual e de longo prazo. Provavelmente a Área de Livre-Comércio Sul-Americana seria uma resposta a essa pretensão dos Estados Unidos.

Em 1994, o ministro Celso Amorim, em discurso na quadragésima nona sessão ordinária da Assembléia Geral da ONU, assim se pronunciou:

Avançamos no processo de crescente integração da economia ao comércio internacional. Em janeiro próximo, juntamente com a Argentina, Paraguai e Uruguai, colocaremos em vigor uma tarifa externa comum e, assim, teremos consolidado uma União Aduaneira capaz de gerar crescimento econômico e prosperidade. A aproximação de outros países sul-americanos em direção ao Mercosul vem demonstrar que a visão de uma Área de Livre Comércio da América do Sul caminha de forma efetiva

---

[216] Seitenfus, 1994:111.
[217] Ibid., p. 112.

para sua materialização. Essas realizações representam exemplo expressivo da capacidade empreendedora dos países latino-americanos e constituem etapa fundamental da consolidação da América do Sul como um todo harmônico e integrado.[218]

A constatação de que a América do Sul é o espaço prioritário de atuação do Brasil não exclui que se considere, com atenção, no momento oportuno, a conveniência de eventual convergência dos diferentes esforços de integração em curso no hemisfério.

Ao discursar por ocasião do VIII Conselho de Ministros da Aladi, em Montevidéu, em 11 de fevereiro de 1994, disse o ministro Celso Amorim:

> A Alcsa é, assim, proposta concreta e realista, sem precondições, de execução imediata e aberta a todos os países sul-americanos. Proposta que, por suas modalidades e formas de negociação, inexoravelmente reforçará o papel da Associação.
>
> Reforçará também o Mercosul e o Grupo Andino, beneficiários que serão naturalmente de um projeto que, implementado, representará instrumento de confluência dos processos sub-regionais de integração sul-americanos.
>
> Reforçará ainda a capacidade de atuação da América do Sul nos planos hemisférico e mundial. Nada na Alcsa está concebido no sentido de dificultar ou inibir outros esquemas de liberalização na América Latina, a exemplo do Grupo dos Três e do Acordo de Livre-Comércio entre o Chile e o México. Cremos, ao contrário, que a realização de uma Área de Livre Comércio que maximize as vantagens oferecidas pela contigüidade geográfica, ensejará, ao seu tempo, outros processos de integração. Se algo podemos apreender das experiências bem-sucedidas é que os processos integrativos devem dar-se, para usar uma expressão consagrada, à base de geometrias variáveis, mas não excludentes.[219]

Observa-se, nessa fala, a definição da Área de Livre-Comércio Sul-Americana, que foi concebida em termos de esquemas interligados de integração. Há, talvez, uma expectativa exagerada de que não deveriam ocorrer colisões entre as diversas iniciativas e associações que se instalavam na América Latina, em resposta à desacomodação reinante na ordem internacional. Mas o discurso do ministro parece ocultar também uma reflexão então corrente, a de que o Brasil, no tempo de Itamar Franco, manobrava demais, sem pôr termo ao mínimo necessário para fazer com que suas iniciativas se tornassem viáveis.

Além do mais, a fala do ministro Celso Amorim suscitou outros questionamentos e indagações, como o fez Ricardo Seitenfus:

> O Ministro Celso Amorim, ao acenar — na reunião dos Chanceleres da Aladi (Associação Latino-Americana de Integração) realizada no início de 1994 — com a criação de uma Zona de Livre Comércio *sul-americana*, transmite a falsa idéia de que, diante do sucesso da integração da Bacia do Prata, o processo deveria ser ampliado para toda a América do Sul. Quais seriam, então, as relações de países-membros de outros blo-

---

[218] *A palavra do Brasil...* cit. p. 578.
[219] Ibid., p. 48.

cos econômicos, como o Pacto Andino e o Mercosul, com esta ZLC sul-americana? Os dois grupos citados almejam, com suas organizações, algo mais que uma ZLC.

Além disso, é possível distendermos infinitamente os aspectos formais para que dois países participem de dois organismos simultaneamente?

(...)

Não se trata de discutir a pertinência da mais recente proposta governamental, mas sim de apontar a sua simultaneidade com o desenrolar de outro processo, em aberta crise, qual seja a construção do Mercado Comum. Efetivamente, o que se pretende fazer é acobertar os dilemas do Mercosul, aliás, insolúveis, a perdurar o atual tratamento que lhe é destinado.

Ainda à parte do mérito da proposição, perceba-se que não estão sendo — a exemplo da iniciativa do Mercosul — analisadas as repercussões de tal gigantesco empreendimento.[220]

Em 14 de maio de 1994, em Marrakech, no discurso proferido na Reunião Ministerial do Comitê de Negociações Comerciais da Rodada Uruguai, o ministro Celso Amorim assim se manifestou:

Com efeito, Senhor Presidente, os processos de integração regional em que estamos engajados na América Latina requerem um ambiente internacional aberto, baseado em regras estáveis e justas. Tanto o Mercosul, cuja consolidação continua sendo nossa mais alta prioridade, quanto a recente iniciativa de criação de uma Área de Livre-Comércio na América do Sul, têm como principal objetivo a maior integração de nossas economias nos mercados internacionais. São, portanto, totalmente compatíveis com os princípios e propósitos da Organização Mundial de Comércio. Para o Brasil, o regionalismo aberto deve ser visto como um complemento, não uma alternativa, ao multilateralismo.[221]

Nessa perspectiva, uma avaliação realista de um eventual acordo de livre-comércio com os Estados Unidos ou com o Nafta não pode perder de vista o fato de que, pela maior diversidade e complexidade da estrutura econômica do Brasil, os Estados Unidos deverão, de início, dar prioridade à negociação de acordos de livre-comércio com outros países latino-americanos de menor envergadura.

Não estamos isolados das iniciativas de integração hemisférica, temos, sim, uma situação especial. Na medida em que os Estados Unidos venham a dar sentido concreto à proposta de uma área hemisférica de livre-comércio, o Brasil terá participação ativa na discussão do tema. No âmbito do Acordo 4+1 assinado entre os países do Mercosul e os Estados Unidos em 1991, já dispomos de foro apropriado para a condução de temas relativos à dinamização dos contatos econômicos e comerciais nas Américas.

A retórica dos discursos políticos apresenta o Mercosul como um processo de evolução gradual, de tal forma que a Área de Livre-Comércio Sul-Americana (Alcsa) passa a ser o desenvolvimento natural daquele, que se apresentaria como um eixo aglutinador dos processos integracionistas da América Latina.

Entretanto, cabe aqui ressaltar que os processos integracionistas são fruto de um momento histórico específico e tal se deu com o Mercosul, o mesmo ocorrendo com a

---

[220] Seitenfus, 1994:112-113.
[221] *A palavra do Brasil...* cit. p. 61.

idéia da Área de Livre-Comércio Sul-Americana. A integração do Cone Sul foi, na verdade, fruto de um momento histórico específico, impulsionado pela vontade política, e não um projeto político do Brasil, ou um projeto de governo ou ainda uma estratégia, que, de igual modo, ocorreu com a Área de Livre-Comércio Sul-Americana.

No governo de Itamar Franco, ao mesmo tempo que se discutia a Tarifa Externa Comum, lançava-se a Área de Livre-Comércio Sul-Americana, provavelmente para fazer um contraponto à idéia americana da área hemisférica de livre-comércio, que trazia em seu bojo a defesa do interesse nacional dos Estados Unidos, que, por sua vez, não contemplava uma América Latina integrada.

A Área de Livre-Comércio Sul-Americana representou uma mudança de paradigma político para a América do Sul, considerando-se que o Brasil é o país que se opõe com mais força, em termos de competitividade, aos Estados Unidos e poderia, a partir dessa proposta, assumir uma postura de vanguarda, liderando a idéia de integrar toda a América Latina. Eventualmente, essa rebeldia à política dos Estados Unidos poderia ocasionar dificuldades que se traduziriam em mais restrições comerciais.[222]

No governo de Itamar Franco, o fator interno propulsor da integração foi a consolidação democrática, fortalecida pela estabilidade econômica alcançada com o Plano Real. Já o fator externo foi o processo de globalização, cujas premissas principais, ao serem assimiladas pelo Itamaraty, refletiram-se num projeto de inserção externa para um país continental, com interesses na dinâmica da globalização da economia mundial, e como sócio importante no processo de regionalização da América Latina.

Desse modo, o Brasil teve um papel mais ativo nos foros multilaterais, aprofundou a integração regional, em especial o Mercosul, tirou a dramaticidade de suas relações com os Estados Unidos e buscou aproximar-se de novos sócios, como a Índia e a China.

Desde a entrada em vigor do Tratado de Assunção até a assinatura do Protocolo de Ouro Preto, em dezembro de 1994, as negociações no âmbito do Mercosul estiveram dominadas pelo manejo das assimetrias, pelos problemas decorrentes dos ciclos econômicos defasados e seu impacto sobre o intercâmbio regional, e pelos esforços para alcançar a união aduaneira a partir de 1º de janeiro de 1995.

O manejo das assimetrias, como as diferenças de tamanho e de orientação de política econômica entre os países, ensejou debates em escala nacional e regional durante todo o período de transição, e foi um dos principais focos de conflito na agenda de negociações, a partir da assinatura do Tratado de Assunção. Durante o período de transição, o Mercosul procurou responder a esse tipo de problema mediante variados instrumentos, uma vez que parecia necessária a redução das assimetrias macro e microeconômicas para garantir uma distribuição adequada e eqüitativa dos custos e benefícios do acordo.

Assim se pronunciou Itamar Franco, por ocasião da sessão de abertura da sétima reunião do Conselho do Mercado Comum, em Ouro Preto, em 17 de dezembro de 1994:

> O fim do mandato da presidência *pro tempore* brasileira, a 31 do corrente, coincide com o término do período de transição previsto no Tratado de Assunção, que estamos hoje aperfeiçoando por meio do Protocolo de Ouro Preto. Definimos assim a nova es-

---

[222] Pontes, 2000:843.

trutura institucional de nossa associação e a ele damos personalidade jurídica de direito internacional.

A partir de janeiro de 1995, estará consolidada a primeira União Aduaneira entre países da América do Sul. Com visão política e pragmatismo, alcançamos patamar de entendimento que possibilita a adoção de Tarifa Externa Comum e a definitiva liberalização do comércio entre os Quatro.

Concluímos com admirável rapidez o projeto de integração que a democracia reconquistada por nossos países tornou possível. Nestes últimos quatro anos, fomos capazes de alcançar excepcional progresso.

Os resultados falam por si. No período de transição que agora se conclui, o comércio entre os Quatro aumentou de 3,6 para 10 bilhões de dólares. Do mesmo modo — e como demonstração de que o processo de integração é aberto e não excludente — o comércio exterior do Mercosul como um todo cresceu em cerca de 27 por cento. Assim, nosso processo de integração deverá gerar novos fluxos comerciais e de investimento.

Com efeito, multiplicam-se hoje os sinais de interesse pelo Mercosul por parte de empresas de dentro e de fora da região. Representamos mercado dinâmico, construído sobre base populacional de 200 milhões de habitantes e Produto Interno Bruto próximo dos 800 bilhões de dólares. Nossos empresários são dinâmicos e empreendedores. Nossos trabalhadores revelam grande potencial de produção e adaptabilidade às novas exigências.

A estabilização e a retomada do crescimento sustentado em meu País contribuem para antecipar novos horizontes de prosperidade para toda a região.

O acerto de nossas políticas se confirma a cada dia. Em nosso entorno geográfico, o Mercosul deverá, no decorrer dos primeiros meses do ano vindouro, negociar a ampliação de acordos logrados no âmbito da Associação Latino-Americana de Integração, bem como a criação, no prazo de dez anos, de uma zona de livre comércio. A proposta que apresentei, em fins de 1993, de uma Área Sul-Americana de Livre-Comércio, é hoje iniciativa conjunta do Mercosul, em fase de negociação com nossos vizinhos. O Chile e a Bolívia estão bem próximos de concluir laços de associação conosco.

Iniciamos com nosso maior parceiro comercial, a União Européia, processo de aproximação que deverá redundar na progressiva conformação de uma área de livre-comércio entre os dois agrupamentos. A proposta é ousada, pois busca, talvez pela primeira vez na história econômica recente, integrar regiões distantes em termos geográficos. O diálogo com outros agrupamentos econômicos, como os que congregam a Austrália e a Nova Zelândia e os países do sul da África, está em suas etapas iniciais.

Acabamos de subscrever, na Cúpula de Miami, juntamente com os demais Chefes de Estado e de Governo de nosso hemisfério, compromisso político que recolhe aspiração à conformação de uma "Zona de Livre-Comércio das Américas". As negociações com este fim deverão estar concluídas até 2005, ano em que esperamos se iniciará o processo de gradual liberalização. Sublinhamos, em Miami, que a concretização dessa meta deverá ser feita a partir da convergência dos esquemas de integração existentes em nosso hemisfério, de que o Mercosul é exemplo pujante. Reafirmamos também a compatibilidade de várias iniciativas no plano regional com os compromissos que assumimos no plano multilateral, em especial os decorrentes da Rodada Uruguai.

Se muito fizemos, muito ainda resta a realizar. Os próximos anos exigirão da parte de nossos povos e Governos redobrados esforços com vistas a concretizar o nosso propósito.

A agenda que nos aguarda é extensa e requer a construção de uma cultura comunitária. Devemos promover a harmonização das políticas macroeconômicas, a regulamentação adicional de áreas como a de meio ambiente, da justiça, dos serviços e dos intercâmbios financeiros e, ainda, de particular relevo, a compatibilização de nossa legislação na área social e trabalhista.

Essa agenda, Senhoras e Senhores, representa o futuro de nossas sociedades, que anseiam por uma vida mais digna e justa. Ao passar nesta data a presidência *pro tempore* do Mercosul, faço-o com a certeza de que o Paraguai dará seguimento à tarefa, com determinação e eficiência que tem caracterizado sua atuação no processo de integração.

Ao consolidarmos a Zona de Livre-Comércio e a União Aduaneira, inicia-se nova etapa na gestão da integração entre nossos países. Da parte brasileira, estou seguro de que meu sucessor emprestará sua alta capacidade de determinação à tarefa de aprofundar e enriquecer o patrimônio comum.

A todos os que contribuíram para tornar realidade nossos ideais integracionistas, o meu reconhecimento. Aos que nos sucederão nessa tarefa histórica, deixo a minha palavra de estímulo e confiança.

Faço votos de que o idealismo dos heróis da Inconfidência nos sirva de inspiração e a todos encoraje a persistir no caminho da consolidação do Mercado Comum. A integração que buscamos corresponde aos anseios de liberdade de nossos antepassados e à esperança de nossos povos em um porvir de prosperidade e justiça social.[223]

O tema de superfície nessa fala foi a nova estrutura institucional do Mercosul, ressaltando-se que, ao denominar-se união aduaneira, o bloco adquiriu personalidade jurídica, o que o habilitava a negociar e manifestar-se com maior peso no cenário internacional.

Ao narrar a notícia, o presidente elegeu uma vasta coleção de interlocutores: falava aos delegados presentes, tentou convencer os empresários e trabalhadores dos países-membros a uma maior cooperação, exortou os demais países da América Latina a se integrarem ao Mercosul e, também, apelou a outros blocos no sentido de estabelecerem acordos com o Mercosul.

Além de tratar de questões estruturais do Mercosul, advogando a direção de algumas mudanças, o presidente apresentou questões mais profundas, vinculadas a valores disfóricos e eufóricos, concernentes aos temas de autoritarismo *versus* democracia, estagnação econômica *versus* crescimento econômico, inflação *versus* estabilidade, e protecionismo *versus* abertura de mercados. Vislumbramos na colocação desses temas oponentes, verdadeiramente dialéticos, um modo de valorizar esse momento do Mercosul, pela relação e pelo contraste de idéias, construindo um enunciado geral que mostra muito de incerteza, sob a aparência de uma vitória em marcha.

---

[223] Franco, 1994.

Entre os valores eufóricos que contribuíram para a consolidação do Mercosul, encontram-se: a determinação e a vontade política de levá-lo a termo, no âmbito de regimes democráticos em todos os países-membros; a possibilidade de estabelecer uma estratégia conjunta de defesa de interesses comerciais comuns no mercado internacional; a intenção de estabelecer estruturas supranacionais de gestão pouco burocratizadas; a existência de abundantes recursos naturais ociosos na região; a integração física em marcha; a presença ativa de empresas binacionais; e a existência de dois idiomas correntes.[224]

Os entraves à consolidação do Mercosul concentraram-se nos valores disfóricos, como a pouca preparação de uma parte da estrutura produtiva, muito heterogênea e habitualmente protegida e subsidiada, para enfrentar a abertura comercial; o cronograma pouco realista para a consecução de objetivos ambiciosos; a inexistência de coordenação de políticas econômicas; as diferenças nas estratégias nacionais de inserção internacional; a falta de uma estrutura institucional mínima para a gestão do projeto; a produção conflitante e competência nos mesmos mercados; a heterogeneidade dos hábitos de consumo de grandes setores da população, entre países e dentro de cada país.[225]

A redemocratização era sempre recorrente no lado brasileiro e esteve presente nos discursos políticos que traçaram o percurso do Mercosul. Também freqüente era o tema da esperança de progresso social para os povos do Mercosul, baseado na "construção de uma cultura comunitária" que teria o objetivo de renovar e consolidar a integração; na competência técnica que seria o empreendedorismo dos empresários e trabalhadores do Mercosul, vinculados à imagem de melhor desempenho, e nos "esforços" que seriam os investimentos para garantir o resultado das ações desejadas.

Destacamos, nessa fala, a simultaneidade de processos de integração: união aduaneira do Mercosul a partir de 1995, uma zona de livre-comércio sul-americana para 2003, e uma zona de livre-comércio nas Américas para 2005. Emerge uma questão de ordem, em virtude da magnitude dos empreendimentos: exercer uma opção, que já foi feita pelo Mercosul.

Entretanto, não aparece nesse discurso nenhum conteúdo político de caráter estratégico, para dar respaldo ao projeto regional. Parece-nos complicado, e talvez impossível, participar de todos os projetos aludidos no discurso presidencial. Além disso, observamos nessa fala a expressão pura e simples da vontade, de idéias sem conteúdo concreto. Os aspectos retóricos vêm em favor de uma construção ideal desejada, mas, longe de se completar, superam as questões reais e efetivas. Contudo, Itamar Franco foi o presidente que esteve à frente do governo no momento decisivo da assinatura do Protocolo de Ouro Preto, que implantou a união aduaneira, e isso lhe dá um papel confortável na história das relações externas recentes do país.

Considerações finais

A questão discursiva que emerge, nesse governo, é a orientação emprestada ao Mercosul, de pólo aglutinador da integração sul-americana. Nesse sentido, o Mercosul

---

[224] Ramos, Agudelo e Gudiño, 2002.
[225] Ibid.

apresenta-se sob a forma de uma luta mantida entre duas forças contraditórias. De um lado, as forças "benéficas", que são as da convergência, da reunião, da coesão no sentido da integração da América do Sul; de outro lado, as forças "maléficas", que são as da dispersão, do rompimento, da dissociação, no sentido da "anexação" do Mercosul à área de livre-comércio hemisférica, proposta pelos Estados Unidos.

Essa tensão discursiva retrata um conflito de interesses entre duas forças antagônicas no continente americano: uma que busca maximizar sua zona de influência e consolidar a sua hegemonia na região; e outra que busca um crescimento e um desenvolvimento para os países da região, que preserve as características e a identidade do continente.

De um lado, a integração ocorreria com o objetivo de aumentar o poder de barganha da América do Sul no cenário internacional, possibilitando maior inserção internacional do continente, com vistas ao desenvolvimento dos países da região. Nesse sentido, o interesse nacional dos países e do continente sul-americano estava contemplado.

A outra opção serviria para aumentar e consolidar a influência norte-americana no continente. Corresponderia a uma estratégia dos Estados Unidos para aumentar o seu mercado e, também, possivelmente, sua presença militar na região, consolidando de forma efetiva a sua hegemonia. Nesse sentido, o interesse nacional norte-americano seria contemplado, em detrimento do interesse dos países sul-americanos.

Configura-se, então, discursivamente, levando-se em conta a argumentação de Girardet[226] a respeito de um dos protótipos mitológicos — a unidade —, a representação do Mercosul como mito. Segundo Girardet, a temática da Unidade é uma construção mítica que revela um segundo plano rico em representações oníricas, imagéticas e simbólicas.

De acordo com a argumentação em causa, a unidade comporta duas visões do destino comum, dois tipos de atitude e de comportamento, e duas formas de sensibilidade e de disponibilidade, que se opõem, mas convergem para o alvo ou mensagem sintética pretendida pelo mito. Girardet sugere ainda que o imaginário dessas visões não é equivalente, podendo opor-se em mito e contramito, de qualquer forma muito contaminados entre si como construção discursiva.

Nesse momento histórico do Mercosul, de implementação da união aduaneira, vislumbram-se duas visões, dois tipos de atitude, de comportamento, duas formas de sensibilidade e de disponibilidade do destino comum. Esse conflito refere-se a uma relação entre poderes e à melhor forma de harmonizá-los no sentido de um equilíbrio, para dele obter uma unidade sintética.

O discurso do presidente Itamar Franco, na assinatura do Protocolo de Ouro Preto, estava estruturado como uma narrativa mítica, explicando e mobilizando, ao mesmo tempo. O eixo de sua narrativa foi a unidade; o texto articula-se em torno do tema da integração, e esta aparece simbolicamente, de maneira inevitável, quase como "um fazer", que é um conceito operacional caro às teorias do discurso. A integração sugere a reunião de corpos distintos na criação de outro corpo, outro ser. Se a concepção do Mercosul é

---

[226] Girardet, 1987:141-175.

tão demorada e tão sujeita a impasses e barreiras de toda sorte, se mal resiste à confusão e descontinuidade das altas decisões, e se é tão vital sua criação, que ele fosse criado como um ser discursivo, com temas, representações oníricas, imagens e símbolos variados, com eixo de valores distintamente eufóricos e disfóricos. O Mercosul, de qualquer modo, está aí, e não é apenas o da fala de Itamar Franco em Ouro Preto. Mas ainda é, em boa medida, um ser há pouco nascido, com órgãos e funções que só o tempo há de dizer se vingarão. Mas antes de se tornar esse recém-nascido imprevisível, parece ter sido um ser pujante e bem formado, um ente verbal das autoridades brasileiras, um ser mitológico, construído nas falas e sublimações discursivas.

Conclusão

No contexto da política externa brasileira, o percurso do processo integracionista do Cone Sul, no período analisado, foi marcado por desafios e dilemas como a dependência, em especial a vulnerabilidade externa do país, a pobreza e a exclusão social, graves problemas sociais que são um obstáculo para a integração, as assimetrias nas estratégias nacionais de desenvolvimento de Brasil e Argentina e, finalmente, as divergências na inserção internacional dos dois maiores parceiros.

A inquietude das autoridades ao buscar um novo direcionamento para a política externa do Brasil, no quadro interno da democracia formal restaurada, manifestou-se na produção discursiva governamental, ao fixar a integração do Cone Sul como uma resposta ao cenário internacional da globalização.

A contradição central dos discursos políticos dos governos de José Sarney, Collor de Mello e Itamar Franco reside, justamente, nas diferentes orientações emprestadas ao Mercosul.

No início do processo integracionista do Cone Sul, quando da aproximação entre Brasil e Argentina, os governos dos dois países compartilhavam um projeto de relacionamento com a comunidade mundial e uma interpretação das suas tendências, o que implicou definir uma estratégia de ajuste e crescimento alternativa ao Consenso de Washington.

O engajamento do Brasil no processo de integração do Cone Sul devia-se, portanto, ao fato de o país estar buscando mais segurança e poder de barganha ante os demais atores do sistema internacional. A percepção do governo era de que o Brasil e a Argentina aumentariam as chances de fazerem valer seus interesses em uma arena onde outros atores e grupos de atores estavam organizados em torno de objetivos distintos. Assim, no processo de integração regional prevaleceu, nessa época, o fator político para responder a um sistema internacional conflituoso, onde cabia aos Estados, como unidades políticas predominantes, zelar e buscar promover da melhor forma possível os seus interesses.

Nessa ótica, o direcionamento do processo de integração do Cone Sul aproximou-se mais de uma orientação realista durante o governo de José Sarney. Nos governos subseqüentes, de Collor de Mello e Itamar Franco, esse direcionamento sofreu uma alteração radical e as ponderações políticas praticamente deixaram de ser consideradas. Nessa época, os presidentes Collor de Mello e Menem, do Brasil e da Argentina, respectivamente, optaram pela liberação linear e automática do intercâmbio, assumindo o mercado a condução do processo integracionista, alinhados que estavam com as recomendações do Consenso de Washington.

O governo de Collor de Mello aplicou ao país as políticas neoliberais que, por sua vez, projetavam uma visão bastante benigna do sistema internacional, além de advogarem a ação crescentemente reduzida dos Estados nacionais. Nesse contexto, os principais agentes econômicos seriam as empresas transnacionais que contribuiriam para o aumento progressivo das trocas, num sistema caracterizado pela interdependência.

A motivação principal desses governos concentrou-se na esfera econômico-comercial, que ganhou destaque na condução das relações internacionais do país, assumindo o Mercosul uma perspectiva de etapa intermediária entre um mercado global e o protecionismo nacional. Nessa ótica, o direcionamento do Mercosul nos governos de Collor de Mello e Itamar Franco decorreu no sentido de uma orientação mais próxima do idealismo.

Entretanto, essas diferentes orientações do Mercosul foram estrategicamente usadas em função de determinados interesses do jogo político. Nos discursos políticos, a integração do Cone Sul foi apresentada como um indutor de integração do continente, mas, nesse lapso de tempo, ele não passou de um acidentado projeto de livre-comércio, ou melhor, se caracterizou então pelo confronto entre ilusões exageradas e verdades objetivas.

Discursivamente, o início de sua construção foi sob o pano de fundo de grave quadro de crise global, de recessão internacional e das dificuldades crescentes dos países do Cone Sul. Como projeto de futuro remoto e ideal, os discursos enunciaram a integração da América do Sul como o mecanismo de defesa brasileiro, como resposta à necessidade de sobrevivência econômica, política, cultural e ideológica.

No âmbito dos discursos políticos, o Mercosul foi a principal credencial internacional do Brasil, constatando-se a recorrência em associá-lo a determinadas idéias-chave, que se colhem freqüentemente como temas de superfície na produção discursiva: "crescer juntos", "fortalecer nossas instituições democráticas", "fortalecimento da democracia", "reforço da competitividade", "modernização da economia", "abertura de mercados", "inserção internacional", além de vinculá-lo a determinadas noções básicas: democracia, desenvolvimento, cooperação, integração, modernidade, neoliberalismo, liberalização, globalização.

A retórica discursiva trabalhou insistentemente algumas associações: "a integração Brasil-Argentina nasce da vontade política comum"; "a integração abre horizontes para a formação de um espaço comum latino-americano"; "Mercosul, a indispensável base regional para viabilizar nossa inserção competitiva no mundo"; "o Mercosul é exemplo expressivo e bem-sucedido do esforço de levar adiante o amplo projeto de integração regional"; "o Mercosul tem-se apresentado, desde sua concepção, como empreendimento que busca adaptar-se às contingências do momento econômico, regional e internacional, sem perder de vista o alvo maior da integração latino-americana"; "o Mercosul tem sido reconhecido como experiência exitosa, a qual se expressa sobretudo no incremento das trocas sub-regionais"; "tanto o Mercosul, cuja consolidação continua sendo nossa mais alta prioridade, quanto recente iniciativa de criação de uma área de livre-comércio na América do Sul, têm como principal objetivo a maior integração de nossas economias nos mercados internacionais".

Esses enunciados foram credenciais apresentadas efetivamente como constituintes de um novo corpo, de uma nova identidade que o Brasil disseminaria mundo afora, com o objetivo de obter retorno tanto na forma de investimentos externos diretos, quanto na forma de apoio político nos fóruns internacionais.

Essas idéias, noções e associações foram ditas, repetidas e enfatizadas em circunstâncias e lugares distintos, criando, assim, a lógica do discurso mítico, teoricamente configurado por Girardet e outros autores, que se constitui pela repetição, na associação de um estreito círculo de conceitos, até consubstanciar-se num ente significativo, concebido idealmente.

Segundo Barthes, a relação que une o conceito de mito ao sentido é essencialmente uma relação de deformação. Encontramos este tipo de relação nos discursos políticos que apresentavam o Mercosul vinculado à modernidade, à modernização da economia, à liberalização, à abertura de mercados, à democracia, à cooperação no sentido de crescer juntos, à maior inserção internacional e à integração do continente latino-americano.

Observamos também que, nos discursos políticos, os governos de José Sarney, de Collor de Mello e de Itamar Franco aparecem associados a imagens específicas do Mercosul. Percebemos no governo de José Sarney uma vinculação discursiva à imagem da democracia e do desenvolvimento; no de Collor de Mello, associava-se à imagem da modernização da economia e abertura de mercados; no de Itamar Franco, vislumbrava-se uma associação à imagem da integração do continente sul-americano.

Segundo Girardet, o mito pode ser associado à incitação da ação, aparecendo em definitivo como um estimulador de energias de excepcional potência. Nesse sentido, o Mercosul mobilizou diversos segmentos da sociedade em termos de cooperação em diversas áreas. Alguns empresários acreditaram no *poder mágico* do Mercosul e, juntamente com os governos, refizeram expectativas e mudaram cenários na área comercial com a criação das "empresas binacionais", que alargaram fronteiras com a construção de pontes e hidrovias. Também se intensificou a cooperação nas áreas nuclear e de meio ambiente. Além disso, o Mercosul incentivou a aproximação com outros blocos, como a União Européia e o Nafta.

Observamos então que, nos discursos políticos, o processo integracionista do Cone Sul foi apresentado como o início de uma nova vida/novo momento/novo ciclo para o país que havia reencontrado a democracia, após um longo período de governo autoritário. Para um país cansado do regime autoritário, a democracia foi o traço novo e a integração representou a concretização de um desejo de maior inserção internacional. Logo, a base do Mercosul, construído mediante os discursos políticos, ainda que estivesse assentada numa realidade objetiva, não havia deixado também de ter um caráter simbólico essencial, pelo qual se procurava conferir mais poder aos países-membros, o que representava maior inserção internacional, por sua vez uma parte importante do mito que se construía.

Os discursos políticos mostraram que o Mercosul se constituiu num fenômeno que gestou uma nova maneira de ver para o país, vislumbrando saídas, alternativas para a crise. Cabe lembrar que os discursos políticos não são produzidos senão com um senso persuasório, com o objetivo de seduzir os interlocutores.

Observamos que, nos discursos políticos, o Mercosul naturalizou a aplicação do Consenso de Washington no país, sobretudo no governo de Collor de Mello. As reformas neoliberais foram implementadas no país no âmbito do processo integracionista do Cone Sul, como requisito para o desenvolvimento e a modernização da economia. Nesse sentido, o Mercosul se instituiu para conformar, neutralizar e modelar o pensamento coletivo.

Os discursos políticos identificaram o Mercosul como um *processo natural,* isto é, uma fatalidade histórica, um acontecimento revestido de toda normalidade, contra o qual não deveria haver oposição. A busca do consenso reflete bem as circunstâncias da época, com a tentativa de alcançar um resultado positivo para a necessidade de reformas, de sentido neoliberal e modernizador, num tempo assinalado pelas incertezas, tempo de uma democracia representativa recém-restaurada, de hiperinflação, de desequilíbrio econômico e forte débito social. A crise e a pressão, tanto interna quanto externa, geraram o ambiente propício para a criação de um mito capaz de incitar não só esperanças como a expectativa de solução para problemas que se arrastavam havia décadas, além de ter a utilidade de bem se adequar como um redutor psicológico das tensões provocadas por uma nova ordem internacional em instauração.

Assim, mesmo que o Mercosul não perca sua realidade objetiva, por assim dizer, prática e histórica, não deixa também de ter sido um mito, com todas as propriedades concernentes a esse tipo de entidade de significação, servindo bem aos propósitos de persuadir, conduzir e acalmar, tendo, por isso mesmo, o defeito de deformar e confiar em ideações como solução para os problemas concretos. E, se assim é, temos hoje a perspectiva do tempo para dizer que o Mercosul, pelos impasses do presente, não ultrapassou em muito a sua construção discursiva.

Bibliografia

Discursos políticos

A PALAVRA do Brasil nas Nações Unidas, 1946-95. Brasília: Funag, 1995.

FRANCO, Itamar. Discurso pronunciado por ocasião da sessão de abertura da VII Reunião do Conselho do Mercado Comum, em Ouro Preto, 16/17-12-1994. <http://www.mre.gov.br/unir/webunir/BILA/15/mercosul/lccm01.htm>

POLÍTICA externa. Democracia. Desenvolvimento. Gestão do ministro Celso Amorim no Itamaraty (agosto 93 a dezembro 94). Brasília: Funag, 1995.

PRONUNCIAMENTOS públicos do embaixador Paulo Tarso Flexa de Lima, de 1985 a 1995. In: LIMA, Paulo Tarso Flexa de. *Caminhos diplomáticos: 10 anos de agenda internacional, 1985-95*. Rio de Janeiro: Francisco Alves, 1997.

RESENHA DE POLÍTICA EXTERIOR DO BRASIL, Brasília, MRE, ano 11, n. 43, out./dez. 1984.

———, Brasília, MRE, ano 12, n. 45, p. 15-31, mar./ jun. 1985.

———, Brasília, MRE, ano 12, n. 46, jul./set. 1985.

———, Brasília, MRE, ano 12, n. 47, out./dez. 1985.

———, Brasília, MRE, ano 13, n. 48, jan./mar. 1986.

———, Brasília, MRE, ano 13, n. 49, abr./jun. 1986.

———, Brasília, MRE, ano 13, n. 50, jul./set. 1986.

———, Brasília, MRE, ano 14, n. 52, jan./mar. 1987.

———, Brasília, MRE, ano 14, n. 53, abr./jun. 1987.

———, Brasília, MRE, ano 14, n. 55, out./dez. 1987.

———, Brasília, MRE, ano 15, n. 58, jul./set. 1988.

———, Brasília, MRE, ano 15, n. 59, out./dez. 1988.

———, Brasília, MRE, ano 16, n. 60, jan./mar. 1989.

———, Brasília, MRE, ano 16, n. 61, abr./jun. 1989.

———, Brasília, MRE, ano 16, n. 62, jul./set. 1989.

———, Brasília, MRE, ano 16, n. 63, out./dez. 1989.

———, Brasília, MRE, ano 16, n. 64, jan./mar. 1990.

———, Brasília, MRE, ano 16, n. 65, p. 15-31 mar./jun. 1990.

———, Brasília, MRE, ano 16, n. 66, jul./set. 1990.
———, Brasília, MRE, ano 16, n. 67, out./dez. 1990.
———, Brasília, Funag/MRE, ano 17, n. 68, 1. sem. 1991.
———, Brasília, Funag /MRE, ano 18, n. 69, 2. sem. 1991.
———, Brasília, Funag/MRE, ano 18, n. 71, 2. sem. 1992.
———, Brasília, Funag/MRE, ano 19, n. 72, 1. sem. 1993.

Periódicos

BOLETIM CEDEP/UFRGS, Porto Alegre, UFRGS, ano 1, n. 4-10, nov. 1985/maio 1986.
———, Porto Alegre, UFRGS, ano 2, n. 7, fev. 1987.
———, Porto Alegre, UFRGS, ano 3, n. 1-12, ago. 1987/jul. 1988.
———, Porto Alegre, UFRGS, ano 4, n. 1-12, ago. 1988/jul. 1989.
———, Porto Alegre, UFRGS, ano 5, n. 1-12, ago. 1989/jul. 1990.
———, Porto Alegre, UFRGS, ano 6, n. 1-12, ago. 1990/jul. 1991.
———, Porto Alegre, UFRGS, ano 7, n. 1-12, ago. 1991/jul. 1992.
———, Porto Alegre, UFRGS, ano 8, n. 1-12, ago. 1992/jul. 1993.
———, Porto Alegre, UFRGS, ano 9, n. 1-12, ago. 1993/jul. 1994.
———, Porto Alegre, UFRGS, ano 10, n. 1-6, ago. 1994/jan. 1995.

JORNAIS nacionais e latino-americanos, de 1985 a1994.

NOTICIÁRIO internacional. Rio de Janeiro: Uerj/IFCH, 1. sem. 1998. (Org. Orlando de Barros, a partir de noticiário, artigos e ensaios em geral.)

———. Rio de Janeiro: Uerj/IFCH, 2. sem. 1998. (Org. Orlando de Barros, sobre neoliberalismo e globalização.)

Legislação

CONSTITUIÇÃO Federal do Brasil de 1988. Rio de Janeiro: Saraiva, 2000.

MERCOSUL: legislação e textos básicos. Brasília: Comissão Parlamentar Conjunta do Mercosul — Seção Brasileira/MRE, 2000.

Teoria e metodologia

BARROS, Diana L. P. *Teoria do discurso: fundamentos semióticos*. São Paulo: Atual, 1988.

BARROS, Orlando de. O incêndio do teatro e outras encenações: história e semiologia no labirinto de um texto. *Revista Advir*, Rio de Janeiro, Asduerj, ano II, n. 1, 1993.

———. *A propósito de um texto que publicamos em ensaio*. Rio de Janeiro: Uerj, 1996.

———. *O texto "documento" para o historiador atento*. Rio de Janeiro: Uerj, 1998.

BARTHES, Roland. *Le degré zéro de l'écriture*. Paris: Seuil, 1953.

———. *Mitologias*. 8. ed. Rio de Janeiro: Bertrand, 1989.

———. *Elementos de semiologia*. São Paulo: Cultrix, 1996.

BAUDRILLARD, J. *O sistema dos objetos*. São Paulo: Perspectiva, 1989.

BOURDIEU, Pierre. *Sobre a televisão*. Rio de Janeiro: Jorge Zahar, 1997.

BUYSSENS, Eric. *Semiologia e comunicação lingüística*. São Paulo: Cultrix, s.d.

CALVET, Jean Louis. *Saussure: pró e contra, para uma linguagem social*. São Paulo: Cultrix, 1977.

CARONTINI, E.; PERAYA, D. *O projeto semiótico*. São Paulo: Cultrix/Edusp, 1979.

CHABROL, Claude et al. *Semiótica narrativa e textual*. São Paulo: Cultrix, 1977.

CHALHUB, Samira. *A metalinguagem*. São Paulo: Ática, 1986.

CITELLI, Adilson. *Linguagem e persuasão*. São Paulo: Ática, 1990.

DELEUZE, Gilles. *Lógica do sentido*. São Paulo: Perspectiva, 1988.

EAGLETON, Terry. *Ideologia*. São Paulo: Unesp/Boitempo, 1997.

ECO, Umberto. *As formas do conteúdo*. São Paulo: Perspectiva, 1974.

———. *Tratado geral de semiótica*. São Paulo: Perspectiva, 1991.

FOUCAULT, Michel. *Microfísica do poder*. Rio de Janeiro: Graal, 1986.

———. *A arqueologia do saber*. Rio de Janeiro: Forense, 1987.

GUIMARÃES, E. *História e sentido na linguagem*. Campinas: Pontes, 1989.

JAKOBSON, Roman. *Lingüística e comunicação*. São Paulo: Cultrix, 1973.

LYOTARD, Jean-François. *Des dispositifs pulsionnels*. Paris: Christian Bourgois, 1973.

MERLEAU-PONTY, M. *Phénoménologie de la perception*. Paris: Plon, 1945.

PEIRCE, Charles S. *Semiótica e filosofia; textos escolhidos*. São Paulo: Cultrix, [198?].

POPPER, Karl. *La lógica de la investigación científica*. Madrid: Tecnos, s.d.

REVISTA BRASILEIRA DE HISTÓRIA. São Paulo: Anpuh, n. 13, 1987. Edição Especial Cultura & Linguagens.

SAUSSURE, F. de; JAKOBSON, R.; HJELMSLEV, L. *Trechos escolhidos*. São Paulo: Abril, 1979. (Os Pensadores.)

STAROBINSKI, Jean. *As palavras sob as palavras*. São Paulo: Perspectiva, 1974.

VERON, Eliseo. Quand lire c'est faire. *Sémiotique* II, Paris: Irep, 1983.

Outros

ALBUQUERQUE, José Augusto Guilhon. O Mercosul: balanço atual e perspectivas de consolidação. *Debates*, São Paulo, Fundação Konrad-Adenauer-Stiftung, n. 14, 1997.

ALLIMONDA, Héctor. El Mercosur y la incertidumbre de la democracia. In: LEMOS, Maria Teresa Toríbio; BARROS, José Flávio Pessoa de. *América Latina e Caribe; desafios do século XXI*. Rio de Janeiro: Proealc, 1995. p. 13-30.

ALMEIDA, Paulo Roberto de. *O Mercosul no contexto regional e internacional*. São Paulo: Aduaneiras, 1993a.

———. Dois anos de processo negociador no Mercosul: caminhos e instrumentos da integração. *Boletim de Integração Latino-Americana (Bila)*, Brasília, Getec/MRE, mar. 1993b.

———. O Mercosul frente ao Nafta. *Política Externa*, São Paulo, Paz e Terra, v. 3, n. 1, p. 84-96, jun./ago. 1994.

———. *Relações internacionais e política externa do Brasil: dos descobrimentos à globalização*. Porto Alegre: UFRGS, 1998.

ALMEIDA-MEDEIROS, Marcelo de. Relações externas do Mercosul: uma abordagem brasileira. *Revista Brasileira de Política Internacional*, Brasília, Ibri, ano 38, n. 2, p. 31-58, 1995.

———. O Mercosul e a União Européia: uma abordagem comparada do processo de formação de instituições. *Contexto Internacional*, Rio de Janeiro, IRI/PUC-Rio, v. 18, n. 1, p. 89-119, jan./jun. 1996.

ALVES, Janine da Silva. *Mercosul: características estruturais de Brasil, Argentina, Paraguai e Uruguai*. Florianópolis: UFSC, 1992.

AMORIM, Celso. Uma política voltada para o desenvolvimento e a democracia. In: FONSECA JR., Gelson; CASTRO, Sérgio Henrique Nabuco de. (Org.). *Temas de política externa II*. São Paulo: Paz e Terra, 1994.

BALASSA, Bela. *El desarrollo económico y la integración*. México: Centro de Estudios Monetarios Latinoamericanos (Cemla), 1965.

BALZE, Felipe A. M. de la. Finding allies in the back yard. Nafta and the Southern Cone. *Foreign Affairs*, p. 2-6, July/Aug. 2001.

BARBOSA, Rubens. O Brasil e a integração regional: a ALALC e a ALADI (1960-1990). In: ALBUQUERQUE, José Augusto Guilhon (Org.). *Sessenta anos de política externa brasileira, 1930-1990; diplomacia para o desenvolvimento*. São Paulo: Nupri-USP/Cultura, 1996. p. 135-168.

———. O Mercosul no contexto regional. *Boletim de Integração Latino-Americana (Bila)*, Brasília, Getec/MRE, n. 21, jul./dez. 1997.

———; CÉSAR, Luis Fernando Panelli. A integração sub-regional, regional e hemisférica: o esforço brasileiro. In: FONSECA JR., Gelson; CASTRO, Sérgio Henrique Nabuco de (Orgs.). *Temas de política externa brasileira II*. São Paulo: Paz e Terra, 1994. v. 1. p. 285-304.

BARROS NETO, Sebastião do Rego. A evolução do Mercosul em nova moldura. *Boletim de Integração Latino-Americana (Bila)*, Brasília, Getec/MRE, n. 18, jan./jun. 1996.

BATALLER, Francisco. Regional integration and trade. In: *European Economy; the European Community as a World Trade Partner*. Brussels, Commission of the European Communities, n. 52, p. 47-60, 1993.

———. Sombras y luces de ayer y hoy en la integración latinoamericana. *Síntesis*, Madrid, Aieti, n. 24, p. 27-41, jul./dic. 1995.

BATISTA, Paulo Nogueira. A política externa de Collor: modernização ou retrocesso? *Política Externa*, São Paulo, Paz e Terra, v. 1, n. 4, mar. 1993a.

———. Seminário do Rio de Janeiro em 26/01/1993. In: *Reflexões sobre política externa brasileira*. Brasília: Ibri/Funag/MRE, 1993b. p. 304-311.

BEÇAK, Peggy. *Mercosul: uma experiência de integração regional*. São Paulo: Contexto, 2000.

BERETTA, Nora; LORENZO, Fernando; PAOLINO, Carlos. *En el umbral de la integración*. Montevideo: Centro de Investigaciones Económicas (Cinve)/Ediciones de la Banda Oriental SRL, 1991.

BRANDÃO, Antonio Salazar Pessoa; PEREIRA, Lia Valls. *Mercosul: perspectivas da integração*. Rio de Janeiro: FGV, 1997.

BUENO, Clodoaldo. A política multilateral brasileira. In: CERVO, Amado Luiz (Org.). *O desafio internacional*. Brasília: UnB, 1994a. p. 117-133.

———. Desinibição e inadimplência. In: CERVO, Amado Luiz (Org.). *O desafio internacional*. Brasília: UnB, 1994b.

BULL, Hedley. *The anarchical society*. London: Macmillan, 1977.

CAMARGO, Sonia de. A integração do Cone Sul. *Textos IRI*, Rio de Janeiro, IRI/PUC-Rio, n. 13, 1993.

CAMPBELL, Jorge (Org.). *Mercosul entre a realidade e a utopia*. Rio de Janeiro: Relume-Dumará, 2000.

———; ROSEMBERG, Ricardo; SVARZMAN, Gustavo. Quinze anos de integração; muito barulho por muita coisa. In: CAMPBELL, Jorge (Org.). *Mercosul entre a realidade e a utopia*. Rio de Janeiro: Relume-Dumará, 2000.

CARDOSO, Fernando Henrique. Política externa: fatos e perspectivas. *Política Externa*, São Paulo, Paz e Terra, v. 2, n. 1, p. 4, jun./ago. 1993.

CASELA, Paulo Borba (Org.). *Mercosul: integração regional e globalização*. Rio de Janeiro: Renovar, 2000.

CERVO, Amado Luiz (Org.). *O desafio internacional: a política exterior do Brasil de 1930 a nossos dias*. Brasília: UnB, 1994a.

———. Tendências da política exterior do Brasil: a incapacidade da nação. In: ——— (Org.). *O desafio internacional: a política exterior do Brasil de 1930 a nossos dias*. UnB, 1994b.

———; RAPOPORT, Mario (Orgs.). *História do Cone Sul*. Rio de Janeiro: Revans./Brasília: UnB, 1998.

CISNEIROS, André; CAMPBELL, Jorge. El Mercosur: regionalismo abierto o un "building block"? *Boletim de Integração Latino-Americana (Bila)*, Brasília, Getec/MRE, n. 19, jul./dez.1996.

COHEN, Isaac. Mercosur under attack. *Boletim de Integração Latino-Americana (Bila)*, Brasília, Getec/MRE, dez. 1996.

DANESE, Sérgio. *Diplomacia presidencial*. Rio de Janeiro: Topbooks, 1999.

DANTAS, Alexis Toríbio. Mercosul: formação e conseqüências econômicas para o Brasil. In: LEMOS, Maria Teresa Toríbio Brittes; BARROS, José Flávio Pessoa de (Orgs.). *América Latina e Caribe; desafios do século XXI*. Rio de Janeiro: Uerj/Proealc, 1995. p. 3-12.

———. Mercosul: evolução e impasses na década de 1990. In: LEMOS, Maria Teresa Toríbio Brittes; BAHIA, Luiz Henrique Nunes; DEMBICZ, Andrsej (Orgs.). *América Latina — fragmentos de memória*. Rio de Janeiro: 7 Letras, 2001. p. 9-27.

———; LAGES, André Maia Gomes. Mercosul e União Européia: uma análise comparativa. In: LEMOS, Maria Teresa Toríbio Brittes; BAHIA, Luiz Henrique Nunes; DEMBICZ, Andrsej (Orgs.). *América Latina — fragmentos de memória*. Rio de Janeiro: 7 Letras, 2001. p. 28-35.

DEVLIN, Robert. In defense of Mercosur. *Boletim de Integração Latino-Americana (Bila)*, Brasília, Getec/MRE, dez. 1996.

DUARTE, André Luiz. *O pan-americanismo de JK: um estudo acerca das reações provocadas na América Latina*. Rio de Janeiro: Uerj, 2000.

DUROSELLE, Jean-Baptiste. *Todo império perecerá*. Brasilia: UnB, 2000.

EMMERIJ, Louis. Por uma estrutura integrada para a reforma sócio-econômica na América Latina: a construção de blocos por um consenso hemisférico. *Política Externa*, São Paulo, Paz e Terra, v. 3, n. 1, p. 132-152, jun./ago. 1994.

FAGG, John Edwin. *Historia general de Latinoamerica*. Buenos Aires: Taurus, 1970.

FERREIRA, Oliveiros. Seminário do Clube das Nações, em 27/11/1992. In: *Reflexões sobre a política externa brasileira*. Brasília: Ibri/Funag/MRE, 1993. p. 185

FERRER, Aldo. El escenario internacional, los dilemas del Mercosur y la política cambiaria. *Boletim de Integração Latino-Americana (Bila)*, Brasília, Getec/MRE, n. 16, jan./abr. 1995.

———. A relação Argentina-Brasil no contexto do Mercosul e a integração sul-americana. *Política Externa*, São Paulo, Paz e Terra, v. 9, n. 2, set./nov. 2000.

FIGUEIRAS, Marcos Simão. *O Mercosul no contexto latino-americano*. São Paulo: Atlas, 1994.

FLORÊNCIO, Sérgio Abreu e Lima. Área hemisférica de livre comércio: dados para uma reflexão. *Boletim de Integração Latino-Americana (Bila)*, Brasília, Getec/MRE, n. 5, abr./jun. 1992.

———; ARAÚJO, Ernesto Henrique Fraga. *Mercosul hoje*. Rio de Janeiro: Funag-MRE/São Paulo: Alfa-Ômega, 1995.

FONSECA JR., Gelson; CASTRO, Sérgio Henrique Nabuco de. Prefácio. In: ———; ——— (Orgs.). *Temas de política externa brasileira II*. São Paulo: Paz e Terra, 1994. v. 1. p. 11.

———; ——— (Org.). *Temas de política externa brasileira II*. São Paulo: Paz e Terra, 1994. v. 1, 2.

FREIRE, Silene de Moraes (Org.). *Mercosul em debate; desafios da integração na América Latina*. Rio de Janeiro: Eduerj, 2001.

FREITAS, Carlos Eduardo. Coordenação de políticas macroeconômicas no Mercosul. *Boletim de Integração Latino-Americana (Bila)*, Brasília, Getec/MRE, n. 16, jan./abr. 1995.

GINESTA, Jacques. *El Mercosur y su contexto regional e internacional: una introducción*. Porto Alegre: UFRGS, 1999.

GIRARDET, Raoul. *Mitos e mitologias políticas*. São Paulo: Cia das Letras, 1987.

GIRAULT, René. *Être historien des relations internationales*. Paris: Sorbonne, 1998.

GÓMEZ, José Maria. *Política e democracia em tempo de globalização*. Petrópolis, RJ: Vozes, 2000.

GONÇALVES, José Botafogo. A consolidação do Mercosul: o primeiro ano de vigência da união aduaneira. *Boletim de Integração Latino-Americana (Bila)*, Brasília, Getec/MRE, n. 17, maio/dez. 1995.

GONÇALVES, Williams. *O campo teórico das relações internacionais*. Rio de Janeiro: Uerj, 2000.

GUADAGNI, Alieto Aldo. La geografía latinoamericana frente al NAFTA y la Unión Européa. *Boletim de Integração Latino-Americana (Bila)*, Brasília, Getec/MRE, n. 15, out./dez. 1994.

GUIMARÃES, Samuel Pinheiro. *Quinhentos anos de periferia: uma contribuição ao estudo da política internacional*. Porto Alegre/Rio de Janeiro: UFRGS/Contraponto, 1999.

HERRING, Hubert C. *Evolución histórica de América Latina*. Buenos Aires: Eudeba, 1972.

HIRST, M. *El programa de integración Argentina-Brasil: de la formulación a la implementación*. Buenos Aires: Flacso, 1988.

―――. *El programa de integración Argentina-Brasil: balance y perspectivas*. Buenos Aires: Flacso, 1990.

―――. *Reflexiones para un análisis político del Mercosur*. Buenos Aires: Flacso, 1991.

―――. *Avances y desafios en la formación del Mercosur*. Buenos Aires: Flacso, 1992.

―――; LENGYEL. *Las relaciones comerciales argentino-brasileñas: 1976-1985*. Buenos Aires: Flacso, 1986.

―――; PINHEIRO, L. A política externa do Brasil em dois tempos. *Revista Brasileira de Política Internacional*, Brasília, ano 38, n. 1, p. 5-23, 1995.

HOBSBAWN, Eric. *A era dos extremos*. São Paulo: Cia. das Letras, 2000.

KEOHANE, Robert O.; NYE, Joseph S. *Poder e interdependencia: la política mundial en transición*. Trad. Heber Cardoso Franco. Buenos Aires: Grupo Editor Latinoamericano, 1988.

KLAVEREN, Albert van. Análise das políticas externas latino-americanas: perspectivas teóricas. In: MUÑOZ, H.; TULCHIN, J. S. *A América Latina e a política mundial*. São Paulo: Convívio, 1986.

KOIFMAN, Fábio (Org.). *Presidentes do Brasil*. Rio de Janeiro: Universidade Estácio de Sá, 2000.

LAFER, Celso. A política externa brasileira no governo Collor. *Política Externa*, São Paulo, Paz e Terra, v. 1, n. 4, mar. 1993.

―――; FONSECA JR., Gelson. Questões para a diplomacia no contexto internacional das polaridades indefinidas. In: FONSECA JR., Gelson; CASTRO, Sérgio Henrique Nabuco de (Orgs.). *Temas de política externa brasileira II*. São Paulo: Paz e Terra, 1994.

LEMOS, Maria Teresa Toríbio Brittes; DANTAS, André Luis Toríbio. Mercosul e os desafios para o século XXI. In: ―――; BARROS, José Flávio Pessoa de (Orgs.). *América Latina e Caribe: desafios do século XXI*. Rio de Janeiro: Uerj/Proealc, 1995. p. 31-40.

MARQUES, Renato L. R. Mercosul — origens, evolução e desafios. *Boletim de Integração Latino-Americana (Bila)*, Brasília, Getec/MRE, n. 2, set. 1991.

MEDEIROS, José Artur Denot. O Brasil e a integração regional: o momento atual da ALADI e do Mercosul. *Boletim de Integração Latino-Americana (Bila)*, Brasília, Getec/MRE, n. 22, jan./jul. 1998.

MENDOZA, Miguel Rodriguez. Which Mercosur anyway? *Boletim de Integração Latino-Americana (Bila)*, Brasília, Getec/MRE, dez. 1996.

MIGUEL, Luís Felipe. *Mito e discurso político: uma análise a partir da campanha eleitoral brasileira de 1994*. Campinas: Unicamp/São Paulo: Imprensa Oficial, 2000.

MILZA, Pierre. Política interna e política externa. In: RÉMOND, René (Org.). *Por uma história política*. Rio de Janeiro: UFRJ/ FGV, 1996. p. 365-399.

MONTORO, André Franco. Transição política na AL — de regimes autoritários e democracias não consolidadas. *Boletim de Integração Latino-Americana (Bila)*, Brasília, Getec/MRE, n. 15, out./dez. 1994.

MORGENTHAU, Hans J. *Escritos sobre la política internacional*. Madrid: Tecnos, 1990.

NEVES, Luiz Augusto de Castro. A dimensão política crescente do Mercosul. *Boletim de Integração Latino-Americana (Bila)*, Brasília, Getec/MRE, n. 24, jan./jun. 1999.

NIEBUHR, Reinhold. *El hombre moral y la sociedad inmoral*. Buenos Aires: Siglo Veinte, s.d.

NYE JR., Joseph S. Globalization's democratic deficit. *Foreign Affairs*, USA, p. 2-6, July/Aug. 2001.

PAGDEN, Anthony. Introduction. In: *The languages of political theory in early-modern Europe*. Cambridge: Cambridge University Press, 1990. p. 1-17.

PEREIRA, Analucia Danilevicz. *A nova república diante do reordenamento internacional: rupturas e continuidades na política externa do governo José Sarney (1985-1990)*. Disponível em: <http://www.ilea.ufrgs.br/nerint/ShowArticle.php?contentID=229>. Acesso em: 10 ago. 2001.

PINTO, Pedro Borges de Sousa da Silva. *O Mercosul no triângulo comercial Alca, União Européia e América Latina*. Lisboa: Universidade Autónoma, 2001.

PONTES, José Antonio Siqueira. Alca: análise do subdesenvolvimento. Perspectivas para o Brasil. In: CASELA, Paulo Borba (Org.). *Mercosul: integração regional e globalização*. Rio de Janeiro: Renovar, 2000. p. 813-866.

RAMOS, Eduardo; AGUDELO, Hugo; GUDIÑO, Florêncio. *Viabilidad y potencialidad del Mercosur: una interpretación de escenarios de futuro*. Disponível em: <http://www.mre.gov.br/unir/webunir/BILA/14/notas/6hugo.htm>. Acesso em: 16 abr. 2002.

RÉMOND, René. *Por uma história política*. Rio de Janeiro: Uerj/ FGV,1996.

ROBINSON, Williams. Latin America and global capitalism. *Race and class*, Nottingham, Russell Press, v. 40, n. 2-3, p. 111-131, Oct. 1998/Mar. 1999.

SARAIVA, José Flávio Sombra (Org.). *Relações internacionais contemporâneas; da construção do mundo liberal à globalização: de 1810 a nossos dias*. Brasília: Paralelo 15, 1997.

SARAIVA, Miriam Gomes. El Mercosur como una prioridad de la política exterior brasileña. *América Latina Hoy*, Segunda Época, Madrid, Sepla, n. 14, p. 55-59, oct. 1996.

———. Os processos de integração latino-americano e europeu. As experiências dos anos 60 e o modelo de integração com abertura econômica dos anos 90. *Revista Internacional de Estudos Políticos (Riep)*, Rio de Janeiro, Nuseg/Uerj, v. 1, n. 1, p. 167-190, abr. 1999.

SCHIRM, Stefan A. Globalização transnacional e cooperação regional na Europa e na América Latina. *Contexto Internacional*, Rio de Janeiro, IRI/PUC-Rio, v. 18, n. 2, p. 257-290, jul./dez. 1996.

SEITENFUS, Ricardo. *Para uma nova política externa brasileira*. Porto Alegre: Livraria do Advogado, 1994.

SILVA, Alexandra de Mello e. Política externa: rumo a um novo paradigma. *Network*, Rio de Janeiro, Centro de Estudos das Américas/Ucam, v. 8, n. 3, p. 6, jul./ago. 1999.

SIMONSEN ASSOCIADOS. *Mercosur: the big emerging market*. São Paulo: Makron Books, 1998.

VAZ, Alcides Costa. Parcerias estratégicas no contexto da política externa brasileira: implicações para o Mercosul. *Revista Brasileira de Política Internacional*, Brasília, Ibri, ano 42, n. 2, 1991.

Apêndice

Elementos discursivos do Mercosul

Como se observa no quadro A-1, os discursos dos três governos apresentam diferenças em muitos aspectos no que tange à eleição temática, à estratégia retórica e à distribuição de atuantes e afetos, mas também se assinalam por certa convergência de efeito de sentido.

Quadro A-1

	Governo Sarney	Governo Collor	Governo Itamar
Aspectos temáticos	▼ Aproximação Brasil-Argentina. ▼ Retorno à democracia. ▼ Dívida externa. ▼ Protecionismo *versus* abertura de mercados. ▼ Inserção internacional.	▼ Cone Sul como pólo econômico da integração da América Latina. ▼ Modernização da economia. ▼ Brasil democrático ▼ Inserção internacional.	▼ Valorização da democracia. ▼ Neoliberalismo *versus* desenvolvimentismo. ▼ Mercosul como pólo aglutinador dos processos integracionistas da América Latina.
Aspectos enunciativos	▼ Denúncia do protecionismo dos países ricos. ▼ Tratamento político para a dívida externa. ▼ Contato mais estreito com os vizinhos que levou à aproximação com a Argentina.	▼ Protecionismo *versus* maior abertura para modernizar a economia. ▼ Compatibilização do Mercosul com a Iniciativa para as Américas. ▼ Aceleração e ampliação do processo de integração do Cone Sul.	▼ Área de Livre-Comércio Sul-Americana. ▼ Área Hemisférica de Livre-Comércio. ▼ Aproximação com a União Européia.
Decisões mais relevantes	▼ Busca de uma real integração no Cone Sul, que se iniciou com a cooperação na área nuclear entre Brasil e Argentina.	▼ Conversão da área de livre-comércio num mercado comum do Cone Sul.	▼ Novo padrão de relacionamento com a América Latina.

continua

	Governo Sarney	Governo Collor	Governo Itamar
Iniciativas práticas	▼ Ênfase na identidade e na integração latino-americana na Constituição de 1988. ▼ Declaração Conjunta sobre Política Nuclear. ▼ Declaração de Iguaçu. ▼ Pice.	▼ Acordo 4+1 entre Mercosul e os Estados Unidos. ▼ Tratado de Assunção.	▼ Estímulo às iniciativas integracionistas na América Latina. ▼ Protocolo de Ouro Preto.

Orientações realistas e idealistas do Mercosul nos governos de José Sarney, Collor de Mello e Itamar Franco

O quadro A-2 mostra que a política externa é, antes de tudo, política, ideologia, ideações, valores, aspirações e projetos, conectando-se profundamente com as vertentes teóricas relacionadas.

Quadro A-2

Governo de José Sarney — orientação mais próxima do realismo:

▼ foco da política externa no Brasil (Estado), visando aumentar a inserção internacional do país (interesse nacional);

▼ a integração com a Argentina fortaleceria a posição do Brasil;

▼ visão pessimista do sistema internacional em crise e em conflito influenciou na cooperação na área nuclear com a Argentina;

▼ valorização do aspecto político da integração.

Governos de Collor de Mello e Itamar Franco — orientação mais próxima do idealismo:

▼ foco da política externa na comunidade internacional;

▼ a integração permitiu a abertura da economia e reduziu o poder do Estado;

▼ visão otimista do sistema internacional, interdependência;

▼ valorização do aspecto econômico da integração.

Configuração mitológica do Mercosul no imaginário político brasileiro

O quadro A-3 mostra a situação-problema com a perspectiva brasileira em primeiro plano, tendo em mente as aspirações, as esperanças e os projetos, que se colocam, essencialmente, nas declarações e nas falas e são campos discursivos por excelência.

Quadro A-3

Governo	Perspectiva brasileira
▼ José Sarney	▼ Unidade.
	▼ Aproximação do Brasil com a Argentina, visando a criação de um espaço integrado no Cone Sul.
▼ Collor de Mello	▼ Salvador.
	▼ Collor de Mello considerava-se o líder que promoveria a modernização do país e o Mercosul era um dos instrumentos dessa reforma.
▼ Itamar Franco	▼ Unidade.
	▼ Implementação da união aduaneira no Cone Sul e proposta de uma área de livre-comércio sul-americana.

Fonte: configurações mitológicas elaboradas por Girardet (1987).

Valores eufóricos e disfóricos do Mercosul

O quadro A-4 ressalta, de um ponto de vista discursivo, os incentivos e os constrangimentos para o aprofundamento do Mercosul, cujos discursos apontam favoravelmente para um mercado sem fronteiras nem barreiras.

Quadro A-4

Valores eufóricos	Valores disfóricos
▼ Determinação e vontade política de levar o Mercosul a termo, no marco de regimes democráticos em todos os países-membros.	▼ Pouca preparação de uma parte da estrutura produtiva, muito heterogênea e habitualmente protegida e subsidiada, para enfrentar a abertura comercial.
▼ Possibilidade de estabelecer uma estratégia conjunta de defesa de interesses comerciais comuns no mercado internacional.	▼ Cronograma pouco realista para a consecução de objetivos ambiciosos.
▼ Intenção de estabelecer estruturas supranacionais de gestão pouco burocratizadas.	▼ Inexistência de coordenação de políticas econômicas.
▼ Existência de abundantes recursos naturais ociosos na região.	▼ Diferenças nas estratégias nacionais de inserção internacional.
▼ Integração física em marcha: presença ativa de empresas binacionais; existência de apenas dois idiomas	▼ Falta de uma estrutura institucional mínima para a gestão do projeto.
	▼ Produção conflitante e competência nos mesmos mercados.
	▼ Heterogeneidade dos hábitos de consumo de grandes setores da população, entre países e dentro de cada país

Fonte: Ramos, Agudelo e Gudiño, 2002.

Elementos eufóricos e disfóricos dos países-membros do Mercosul ante a integração

O quadro A-5 apresenta, de um ponto de vista discursivo, os incentivos e os constrangimentos de cada país-membro do Mercosul para o aprofundamento da integração econômica do Cone Sul.

Quadro A-5

	Elementos eufóricos	Elementos disfóricos
Brasil	▼ Estrutura empresarial consolidada. ▼ Baixo custo de produção. ▼ Baixo custo de energia. ▼ Importante capacidade tecnológica. ▼ Ampla rede de aeroportos. ▼ Sistema de correios eficiente	▼ Instabilidade econômica. ▼ Alta carga tributária. ▼ Resistência à abertura comercial entre alguns setores empresariais. ▼ Alto custo de transporte. ▼ Estrutura ferroviária deficiente
Argentina	▼ Estrutura empresarial consolidada. ▼ Grandes recursos naturais que favorecem a produção. ▼ Agropecuária. ▼ Estrutura gerencial especializada. ▼ Mão-de-obra qualificada	▼ Alto custo de energia. ▼ Alto custo de mão-de-obra. ▼ Deficiências tecnológicas.
Paraguai	▼ Energia elétrica abundante. ▼ Baixas tarifas de importação. ▼ Abertura aos investimentos estrangeiros. ▼ Localização privilegiada.	▼ Baixa industrialização. ▼ Mão-de-obra pouco qualificada. ▼ Baixa competitividade industrial.
Uruguai	▼ Mão-de-obra qualificada. ▼ Mercado financeiro aberto e estável. ▼ Baixos custos portuários.	▼ Alto custo de energia. ▼ Pouca produtividade.

Fonte: Ramos, Agudelo e Gudiño, 2002.

Indicadores macroeconômicos do Mercosul – ano 1991

Os dados do quadro A-6 mostram a importância do Mercosul como um mercado capaz de atrair para a região capitais e investimentos produtivos, bem como abrir oportunidades para negócios, tanto no nível regional quanto no internacional.

Quadro A-6

Indicador	Valor
População	194 milhões de habitantes
Superfície	11.863.000km^2
Produto interno bruto (PIB)	US$ 415.496 milhões (de 1980)
PIB *per capita*	US$ 2.238 (de 1980)
Total de exportação	US$ 46.469 milhões
Total de importação	US$ 31.634 milhões

Fonte: Ramos, Agudelo e Gudiño, 2002.

Esta obra foi impressa pela
Imprinta Express Gráfica e Editora Ltda. em papel
offset Paperfact – Suzano – para a Editora FGV
em agosto de 2005.